이런 대통령을
만나고 싶다

미국의 황금기를 만든
대통령의 품격

이런 대통령을
만나고 싶다

김봉중 지음

위즈덤하우스

대통령은
우리의 거울이다

에피소드 하나. 내가 미국 대학에서 근무할 때의 일이다. 테뉴어tenure 최종 심사를 앞둔 나는 이만저만한 스트레스를 받지 않을 수 없었다. 스트레스를 받게 된 가장 큰 이유는 심사위원장이었던 학과장이 나를 싫어했기 때문이다. 그가 나를 싫어하는 정확한 이유는 알 수 없었지만, 아마도 인종차별 성향이 강한 사람이었기 때문에 동양인인 내가 미국사 교수로 채용된 것에 불만을 가졌던 것 같다. 나는 고민 끝에 동료 교수에게 이 사실을 털어놓고 조언을 구했다. 그러자 그 교수는 내 어깨를 손으로 툭 치더니 "뭘 그리 고민하나. '자유의 땅land of liberty'에 살고 있으면서……"라고 대수롭지 않게 반응했다. 나는 가끔 이런 상상을 한다. 만약 어느 외국인 교수가 그때 내가 했던 똑같은 고민을 가지고 지금 내게 상담을 한다면, 그에게 무슨 말을 할 수 있을까. 우리나라의 정체political entity를 한마디로 어떻게 정의할 수 있을까.

대부분의 미국인들은 미국을 '자유와 기회의 땅'이라고 자부한다. 어떤 국가라고 한마디로 정의할 수 있는 나라가 과연 얼마나 될까. 미국인들이 그러한 자부심을 갖는 것은 과연 교육의 소산인가, 아니면 실제로 그들이 생활 속에서 체험한 경험의 소산인가. 미국이 '기회의 땅'이라는 데에는 누구도 반론을 제기하기 힘들 것이다. 미국은 영국의 식민지 시대부터 유럽인들의 피난처이자 기회의 땅이었다. 그들이 정착하고 번성하면서 미국은 이제 세계인의 피난처이자 기회의 땅이 되었다. 하지만 '자유의 땅'이라는 이 말은 생각해 볼 부분이 많다. 패트릭 헨리Patrick Henry가 독립을 외치면서 "자유가 아니면 죽음을 달라"고 했는데, 그가 말한 자유의 진정한 의미를 과연 얼마나 많은 미국인들이 이해하고 있었을까. 토머스 제퍼슨Thomas Jefferson이 〈독립선언문〉에서 밝힌 자유의 의미를 일반인들이 제대로 이해했을까. 계층과 인종을 막론하고 모든 미국인들은 그들이 '자유의 땅'에서 살고 있다고 자부했을까. 그렇다면, 미국인들은 자국을 '자유의 땅'이라고 믿는 것은 과연 어디에서 왔을까?

에피소드 둘. 미국사를 공부하면서 남북전쟁은 가장 큰 충격이었으며 풀리지 않는 의문으로 내게 다가왔다. 남북전쟁은 지역감정이 빚어낸 세계 근대사 가운데 가장 처절한 동족상잔의 비극이었고, 그 유래를 찾기 힘든 처참한 내전이었다. 이 내전에 미국 백인 인구 여섯 명당 한 명꼴인 약 300만 명이 참전했고, 그 가운데 5분의 1이 생명을 잃은 처참한 살육전이었다. 그런데도 전쟁 후 단 한 명도 전범으로 몰려 처형당하지 않았다. 이는 도저히 믿기지 않는 일이다. 아마 세계사에서도 전례를 찾아

볼 수 없는 유일무이한 경우일 것이다. 인간은 감정적인 동물이다. 특히 전쟁은 인간을 극단적인 야만 상태로 몰아간다. 그런데 그러한 야만이 남북전쟁 이후에는 나타나지 않았다. 어떻게 그럴 수 있었을까.

에피소드 셋. 오래전에 미국 대통령의 품격에 대해 강연한 적이 있다. 강연이 끝나고 어느 분이 대뜸 "미국의 역사는 짧고, 게다가 괜찮은 대통령은 몇 명 되지 않는데 어떻게 대통령의 품격이 지금의 미국을 만들었다고 할 수 있는가"라고 의문을 제기했다. 이는 중요한 질문이다. 미국 대통령 가운데 존경을 받는 대통령보다 그렇지 않은 대통령이 훨씬 많다. 잘난 대통령과 못난 대통령으로 단순하게 구분한다면 못난 대통령이 훨씬 많다. 제7대 대통령 앤드루 잭슨Andrew Jackson에서부터 제16대 대통령 에이브러햄 링컨Abraham Lincoln까지 그 사이에 무려 여덟 명의 대통령이 있었다. 그들 대부분은 그저 그런 대통령이었으며 잊힌 대통령이다. 언젠가 수업 중에 미국 학생들에게 잭슨과 링컨 사이의 대통령 중에서 적어도 두 사람의 이름을 댈 수 있는 사람이 있으면 손을 들어보라고 한 적이 있다. 그러나 학생들은 다들 머리만 긁적거렸다. 마찬가지로 링컨과 제26대 대통령 시어도어 루스벨트Theodore Roosevelt 사이에 아홉 명의 대통령이 있었지만 좋은 평가를 받는 대통령은 거의 없다. 대부분이 잊힌 대통령이다. 20세기에 들어와서도 이는 마찬가지다. 우드로 윌슨Woodrow Wilson과 프랭클린 루스벨트Franklin D. Roosevelt 사이의 대통령들은 실패한 대통령이거나 잊힌 대통령이다. 결국 잘난 대통령들은 그리 많지 않다. 대통령의 품격이 지금의 미국을 만들었던 자양분이라고 전제한다면, 이런 의문을 피할 수 없다. 어떻게 몇몇 소수의 대통령만으로

6

지금의 미국을 만들었다고 말할 수 있는가?

이러한 의문은 항상 내 머릿속에서 떠나지 않았다. 1997년, 14년간의 미국 생활을 접고 한국으로 오면서 이 의문들은 더욱 커졌다. 미국을 떠나보니 새삼 그 의문들에 대한 해답이 궁금해서가 아니었다. 바로 우리나라의 현실 때문이었다. 우리는 경제와 문화 등 여러 면에서 세계 선진국의 반열에 들어섰다. 경제적으로 잘사는 나라가 되었고, 한류 문화가 대세다. 그럼에도 나는 이 현실이 안타깝고 불안하다. 우리나라의 가치관이나 정체성에 대한 뚜렷한 의식과 그에 따른 자부심이 부족해서 안타깝다. 지역감정은 여전히 수그러들지 않는 것 같아 안타깝고, 정치적으로는 아직도 구태를 벗지 못해서 안타깝다. 좌우 이념 대결은 그 각이 더욱 날카로워지는데, 통일이 가까워지고 있는 것 같아 불안하다.

2010년 늦가을에 뜻밖의 만남이 있었다. 어느 강연에 초대받고 상경했던 나는 위즈덤하우스 연준혁 대표를 만나게 되었다. 그는 우리나라의 미래를 위해서 어떠한 국가의 모델을 찾아야 하는데 그 모델은 아무래도 미국일 수밖에 없다고 말했다. 미국을 좋아하든지 싫어하든지 간에 우리는 미국에 대해 좀더 정확히 알아야 한다. 그런 문제의식을 토대로 내가 책을 써보는 것이 어떻겠냐고 제안했던 것이다. 마침 당시 나는 《매일경제》 토요일 판에 미국 대통령의 품격을 중심으로 미국사 이야기를 다룬 〈21세기 인문학 리포트〉를 연재하고 있었는데, 이 칼럼에 기고했던 내용을 보완해서 다시 책을 쓰면 좋겠다고 생각했다.

이러한 고민을 품고 2012년에 출판된 책이 《무엇이 대통령을 만드는가》다. 그런데 4년이 지난 지금 그 책을 개정해서 출판하게 되었다. 오바마 8년이 마감되고 도널드 트럼프의 시대가 시작된 미국의 변화도 염두에 두어야 하지만, 무엇보다도 우리에게 다시 대통령 선거가 다가오기 때문이다. 2016년 말부터 우리는 이른바 '최순실 국정농단' 사태로 이루 말할 수 없는 참담한 상태이다. 우리가 좋은 대통령을 선택하고 그가 올바른 리더십을 발휘할 수 있도록 하는 데 이 책이 조금이라도 도움이 되었으면 하는 그런 마음이다.

이 책의 구성에 대해 몇 마디 덧붙이자면, 본문은 크게 네 가지 장으로 나뉜다. 그러다 보니 각 장별로 같은 대통령이 거듭해서 등장하기도 한다. 예를 들면, 링컨의 경우에는 네 가지 주제에 모두 해당되기 때문에 이 책의 모든 장에 등장한다. 가능하면 각 장의 주제에 따라 분리해서 링컨을 다루려고 했지만 할 수 없이 반복된 내용으로 설명된 경우가 있을 것이다. 이 점에 대해 독자에게 미리 양해를 구한다. 그리고 가능하면 주는 생략하려고 의도했다. 하지만 학술적으로 인용할 가치가 있거나 논란의 여지가 있을 수 있는 부분, 독자에게 추천하고 싶은 책에 대해선 그 출처를 밝혔다. 다만 대통령의 주요 연설문처럼 인터넷이나 기타 공공자료를 통해 그 출처를 쉽게 찾을 수 있는 부분은 주 처리를 하지 않았다.

이번 기회를 빌려 이 책이 나오게끔 권유하고 격려해준 연준혁 대표에게 감사한다. 또한《매일경제》에도 감사한다. 연재하는 동안 내가 그동안 하고 싶은 이야기를 쓸 수 있어서 늘 즐거웠다. 결국 그 글들이 이책의 모태가 되었다.

마지막으로 항상 최고의 독자인 나의 아내에게 감사한다. "자기 글을 우리나라 사람들이 많이 읽어야 하는데……" 하면서 나의 글에 매번 최고의 찬사를 아끼지 않는 아내는 이 책에 거는 기대가 나보다 더 크다. "아빠, 다음 책 언제 나와?"라고 하면서 나를 조용히 압박하는 예쁜 딸 소연이, 항상 나를 믿고 따르는 순둥이 아들 선우. 우리 가족 모두 나에겐 과분한 축복이다. 고맙다, 그리고 사랑한다. 어쩌면 이 표현을 하고 싶어서 이 책을 썼는지도 모른다.

2017년 4월
김봉중

차 례

제 1 장

자부심을 심어주는
대통령

일반적으로 자부심은 어떤 것이 성취된 후에 생긴다. 그다음에 그 위상이 세워지고, 자부심이 뒤따른다. 초기 미국은 혼돈과 불확실의 시대였다. 우여곡절 끝에 미연방이 탄생했지만, 헌법은 상당 부분 타협의 산물이었으며, 그 내용도 애매했다. 유럽 국가들은 미국이 독립국가로 살아남을지 의심했고, 미국 국민조차도 신생 독립국의 성공에 확신이 없었다. 아무것도 성취된 것이 없었고, 미국의 위상은 세워지지 않았다. 그럼에도 초기 대통령들은 미연방에 대한 절대적인 자부심을 드러냈다.

1860년, 에이브러햄 링컨이 대통령에 당선되면서 미연방은 해체되기 시작했고, 남북전쟁에 돌입했다. 겉으로는 노예라는 도덕적 문제의 해결책을 찾지 못하고, 동족상잔의 비극으로 치달은 것처럼 보였지만, 사실은 연방과 주state 정부에 대한 헌법적 권한에 따른 오랜 정치적 논쟁이 무력대결로 귀결된 것이다. 남북전쟁은 미국 헌정 사상 최대의 위기였다. 그런데도 링컨은 미국이 "지구상에 남은 최고의 마지막 희망"이라고 자부했다.

1929년, 미국은 대공황의 어두운 터널에 빠져들었다. 미국 자본주의의 최대 위기를 맞은 것이었다. 이 상황은 단순한 경제적 위기뿐 아니라 미국의 체제와 가치에 대한 총체적인 회의를 불러일으켰고, 국민은 불안에 떨었다. 그렇지만 프랭클린 루스벨트는 미국은 "아직도 감사해야 할 것들이 많다"며 오히려 미국의 체제와 가치에 절대적인 자부심을 드러냈다.

이 장에서는 미국 대통령의 품격 중에서 가장 두드러진 성향인 '자부심'에 초점을 맞춘다. 어떤 것이 성취되고 그에 따른 위상이 생성된 후가 아닌 미연방 초기의 위태롭고 불확실한 시대, 남북전쟁이라는 연방의 위기와 대공황의 위기 속에서 꽃피운 대통령들의 자부심을 살펴본다.

조지 워싱턴

George Washington

대통령의
존재와 역할을 정립하라

완벽하지 않은 영웅, 신화가 되다

1789년 4월 30일, 조지 워싱턴George Washington이 미국 초대 대통령에 취임했다. 워싱턴의 초대 대통령 당선과 취임은 예정된 수순이었다. 독립혁명군 총사령관으로서 독립전쟁을 성공적으로 이끌었으며, 제헌회의 의장으로서 성공적으로 새로운 연방헌법을 제정하는 데 공헌한 워싱턴은 미국인들의 영웅이었다. 그 누구도 그의 대통령 등극을 의아하게 생각하거나 그의 리더십을 의심하지 않았다.

하지만 역사 속 영웅들이 그렇듯 워싱턴은 상당 부분 신화적인 존재다. 그가 인간의 능력을 넘어선 절대적인 업적을 남긴 인물이었기에 신화적이라는 이야기가 아니다. '워싱턴은 과연 어떠한 사람, 어떠한 대통령이었는지' 치밀한 검증을 해본다면 진실은 그가 그렇게 영웅적이지 않다는 이야기다.

그는 완벽한 영웅이 아니었다. 미국이 독립전쟁에서 승리했던 가장 큰 이유가 워싱턴의 리더십에 있었다고 할 수 없다. 워싱턴은 전투에서 승리하기보다는 패배를 더 많이 했다. 미국은 당시 세계사를 주도하던 모국인 영국에 승리를 쟁취했다기보다는 영국이 전쟁을 포기했다는 것이 객관적인 평가라고 할 수 있다. 영국을 떠나 대서양을 건너 여전히 신비스러운 아메리카 대륙에서 8년간 지난한 전쟁을 치렀던 영국 군인들은 지칠 대로 지쳐 있었다. 또한 영국은 인종·문화·경제적으로 사실상 영국의 일부분이라 할 수 있는 북아메리카 식민지보다는, 식민지 경쟁자인 프랑스를 비롯한 다른 유럽 국가들의 도전을 더 걱정했다. 영국은 언제 끝날 지 모를 아메리카 식민지와의 전쟁에서 국력을 쇠진할 경우, 유럽 국가들의 도전에 큰 위기를 맞게 될 것이라고 우려했다. 그러므로 그쯤에서 전쟁을 포기하고 미국의 독립을 수용할 수밖에 없었다.

워싱턴의 정치적 능력은 검증되지 않았다. 제헌회의 의장으로서 미합중국 헌법을 창출하는 데 기여했지만 헌법의 기본원칙이나 철학에 대한 그의 공헌도는 극히 미약하다. 알렉산더 해밀턴Alexander Hamilton, 제임스 매디슨James Madison, 존 제이John Jay, 벤저민 프랭클린Benjamin Franklin과 같이 헌법제정에 실질적인 공로자였던 당대 유명 정치인들에 비하면, 워싱턴의 지적능력은 초라했다. 또한 워싱턴은 신분과 계급을 초월한 근

미국의 초대 대통령 조지 워싱턴 그는 '대통령 폐하'라는 존칭을 거부하며 공화주의 정착을 위해 대통령의 존재와 역할을 정립했다.

대 최초의 민주주의 정부를 대표하는 인물치고는 너무 귀족적이었으며 부유했다. 그는 당시 미국에서 가장 큰 토지를 가진 대부호였다. 고향 마운트버넌에 그가 소유한 토지는 하나의 농장이라기보다는 오늘날로 보면 거대한 농수산 복합기업이라고 할 수 있었다. 또한 인근의 포토맥 강에 대형 어업기지와 곡물 저장소를 소유하고 있었고, 미국 최대의 위스키 양조장을 갖고 있었다. 그는 300명이 넘는 노예를 소유한 노예주이기도 했다. 물론 워싱턴은 그의 부인 마사에게 그녀가 죽기 전에 노예를 해방시키라는 유언을 남겼고, 마사는 남편의 뜻을 받들어 노예를 해방시켰지만, 초대 대통령인 워싱턴이 노예주라는 것은 엄연한 사실이다.

그럼에도 왜 워싱턴은 위대한 영웅으로 추앙받고 있는가? 역사의 많은 영웅들이 그렇듯 워싱턴은 신화적인 인물이며, 그의 영웅화는 후대 사람들이 만든 작품인가?

물론 워싱턴이 만들어진 영웅이라는 점을 부인할 수 없다. 게다가 인간 워싱턴을 정확히 알기는 쉽지 않다. 워싱턴은 대단히 사적인 사람이었고, 사교적이지도 않았다. 대통령이 되어서도 그는 참모나 외국 사절들과 악수하는 것까지 꺼려했다. 마사 여사는 죽기 전에 워싱턴이 자신에게 보낸 편지들을 모두 소각해버렸다. 두 사람의 사적인 부분이 역사 속에서 드러나지 않기를 원했기 때문이다.

훗날 워싱턴은 갖가지 신비한 이야기들로 덧칠해졌다. 대표적인 예가 워싱턴이 죽자마자 출간된《워싱턴 전기 _The Life of Washington_》에 기술된 이른바 '벚나무 일화'다. 여섯 살 꼬마였던 워싱턴은 손도끼로 정원의 나무를 모조리 치고 다녔다. 그러다가 아버지가 애지중지하던 벚나무를 자르고 말았다. 화가 난 아버지가 "누가 벚나무를 잘랐느냐"라고 묻자, 그는 곧바로 "아버지, 저는 거짓말을 할 수 없습니다. 제가 도끼로 그 나무를 잘랐습니다" 하고 대답했다. 이 일화는 사실 워싱턴을 추앙하던 전기 작가인 웜스 Parson Weems가 만들어낸 근거 없는 이야기다. 하지만 '벚나무 일화'로 인해 미국인들은 그들의 초대 대통령은 떡잎부터 달랐으며, 미국을 대표하는 정직한 위인으로 성장할 수밖에 없었다고 믿었다. 무엇보다도 이러한 일화는 "워싱턴이 얼마나 정직하게 생활했는지를 단적으로 보여주는 평가의 일종"[1] 으로 보아야 할 것이다.

그가 '대통령 폐하'를 거부한 이유

그렇다면 무엇 때문에 워싱턴이 위대하다고 할 수 있는가? 무엇이 워싱턴을 영웅으로 만들었는가? 워싱턴의 가장 위대한 점은 그가 역사의 흐름 속에서 미국 탄생이 갖는 의의를 명확히 간파하고, 이에 대해 무한한 자부심을 가졌으며, 초대 대통령으로서 그 역사적 의의를 지키는 데 모든 것을 바쳤다는 점이다. 미국은 〈독립선언문〉에서 표방했듯이 생명, 자유, 행복 추구라는 인간의 기본권을 수호한다는 명목으로 영국 식민지로부터 독립을 선포했다. 영국과의 독립전쟁에서 승리한 후, 이러한 인간의 기본권을 보장하기 위한 헌법을 제정해서 공화주의의 새로운 정치체제를 구축했다.

미국에 공화주의가 성공적으로 정착할 것인지에 대한 관건은 대통령의 역할에 달려 있었다. 대통령 중심의 공화주의는 세계사의 새로운 실험이었다. 왕 중심의 전제정권 체제에서 벗어나 삼권분립의 견제와 균형의 원칙에 근거해서 새로운 정치제도를 시작하는 것도 새롭지만, 무엇보다도 행정부의 수장인 대통령은 그 용어부터 생소했다. 우리는 국가의 최고 통수권자를 '대통령'이라고 한다. 여기서 통령의 의미는 '도맡아 다스리는 자'인데 거기다 대大 자가 붙어서 더더욱 강한 어감을 준다. 하지만 '프레지던트President'는 '의장'으로서 국사를 주재한다는 의미이며, 행정부의 수장일 뿐이다. 우리말의 '대통령'과는 수사적 어감에서 상당한 차이가 있다.

워싱턴은 '프레지던트'라는 새로운 개념의 권한에 충실하려고 노력했다. 당시 워싱턴은 사실상 왕이나 다름없는 존재였다. 왕처럼 행세해도 크게 반발할 사람들이 없었다. 독립전쟁과 함께 그는 미국인들의 영웅이 되었으며, 대통령 선거에서도 선거인단 만장일치로 초대 대통령에 선출되었다. 즉 대통령에 '선출되었다'는 말보다는 '추대되었다'는 표현이 더 적절하다. 존 애덤스John Adams는 워싱턴의 존재를 이렇게 설명했다. "구약 성서의 여호수아처럼 조지 워싱턴은 태양과 달에게 움직이지 말고 가만히 있도록 명령을 내렸고, 태양과 달은 그 명령에 복종했다."[2] 실로 워싱턴은 당시 미국인들에게 절대적인 존재였다. 대통령 임기 내내 미국인들은 그를 어떻게 불러야 할지 몰랐고, 국민 가운데 상당수는 '대통령 폐하'라고 불렀다. 여전히 왕권체제의 오랜 전통은 쉽게 사라지기 어려웠다.

헌법에 대통령의 법적 위상과 역할이 제시되어 있지만 그것은 단순하고 일반적이었으며 애매했다. 예를 들면, 헌법에 대통령의 임기가 제시되지 않았다. 미국 독립을 주도했으며, 독립 후 헌법제정을 통해 미연방의 틀을 세웠던 이른바 '건국의 아버지들the Founding Fathers'은 워싱턴이 초대 대통령에 취임하는 것을 기정사실로 받아들였기 때문에 헌법에 대통령 임기를 제한하는 조항을 넣지 않았다. 워싱턴이 원했다면 그는 죽을 때까지 대통령직을 수행할 수도 있었고, '대통령 폐하'라는 미국식 공화주의를 정착시켰을 수도 있다. 제헌회의에 참가한 인사들이 "조지 워싱턴을 초대 대통령으로 염두에 두고 있지 않았다면" 대통령의 위상이나 권한이 의회나 다른 부서보다 클 수가 없었다.[3] 행정부의 권한이 커질 수밖에 없었던 것은 워싱턴이라는 절대적인 존재가 있었기 때문이었다.

워싱턴의 인기와 위상으로 볼 때 그는 헌법에 규정된 대통령의 역할을 마음대로 확대할 수 있었다. 하지만 워싱턴은 수많은 사람들의 희생으로 탄생시킨 공화국이 성공적으로 정착하기 위해서는 우선 대통령의 존재와 역할이 정립되어야 한다고 믿었다. 그래서 그는 '대통령 폐하'라는 칭호를 거부했으며, 폐하처럼 군림하기를 거부했다.

자발적으로 권좌에서 물러나 모범이 되다

워싱턴은 두 번의 임기를 마친 후 1796년 권좌에서 스스로 물러났다. 사실 그는 1792년 첫 번째 대통령 임기를 마치면서 은퇴하려고 했다. 물론 그의 참모들이 은퇴를 받아들일 리 없었다. 갓 탄생한 미합중국이 넘어야 할 문제들이 나라 안팎으로 산재했고, 국민은 더더욱 워싱턴을 원했기 때문이다. 그러나 4년 뒤에 워싱턴은 은퇴하기로 마음을 굳혔고, 이후 두 번의 임기를 마지막으로 대통령직은 물론이고 정계에서도 완전히 은퇴했다.

이러한 초대 대통령의 자발적인 은퇴가 미국의 운명에 결정적인 영향을 미쳤다고 단언할 수 있으며, 그로 인해 워싱턴이 미국 역사상 최고의 대통령으로 추앙받을 수 있는 자격을 갖게 된 것은 충분히 설득력이 있다. 어느 나라, 어느 민족이든 시작이 중요하다. 특히 독립 후 첫 시작은 더욱 중요하다. 얼마나 많은 독립국가들이 첫 단추를 잘못 꿰어서 아픔을 겪었는지 역사는 냉정하게 기억하고 있다. 하지만 결과적으로 미국의 운명은 이런 세계사의 관례를 깨뜨리며 역사의 '이변'을 낳았다.

이 이례적인 사건은 미국뿐 아니라 다른 나라에도 신선한 충격을 주었다. 워싱턴 대통령의 사퇴 소식을 접한 영국의 조지 3세는 워싱턴을 "이 시대의 가장 위대한 인물"이라고 평했다.[4] 그의 이러한 우호적인 평은 그 의미가 크다. 일단 워싱턴은 미국 독립전쟁의 총사령관으로서 미국을 영국 식민지에서 독립시킨 적국의 우두머리였다. 그는 대통령 임기 중에도 영국이 수차례 제기했던 관계 개선 제안에 적극적으로 대응하지 않았으며, 심지어 1793년에는 '중립선언'을 선포했다. 이는 다분히 영국을 겨냥한 선언이었다. 당시 프랑스와 전쟁 중에 있던 영국은 미국과 우호적인 관계를 확보하고자 했는데, 그럼에도 워싱턴은 공개적으로 중립을 선언했다. 영국으로서는 기분 나쁜 선언이었다.

이러한 상황에도 조지 3세는 워싱턴이 순수한 의도로 은퇴를 결심하고, 이러한 파격적인 결정을 내린 것에 대해 높이 칭송했다. 조지 3세는 1783년 미국이 독립전쟁에서 승리한 다음 워싱턴이 총사령관직에서 물러날 때부터 그의 인물 됨됨이에 놀라고 있었다. 워싱턴이 총사령관이라는 절대적인 위상과 권력을 행사해서 갓 독립한 미국을 통치할 것이라는 그의 예상을 깼기 때문이다. 사실 워싱턴은 독립 이후 치밀한 계획에 따라 자신을 초대 대통령으로 만들지 않았다. 독립전쟁 이후 1787년 헌법제정, 1789년 초대 대통령 취임 때까지 정치적 과정을 살펴보면, 워싱턴은 스스로 자신을 대통령으로 만들기보다는 자연스럽게 대통령에 추대되었다고 할 수 있다. 1796년 대통령직에서 스스로 물러나기로 결심한 워싱턴을 보며, 조지 3세는 다시금 당대의 관례에 역행하는 그의 조기 은퇴에 놀랐던 것이다.

이렇듯 워싱턴의 가장 큰 업적은 제때에 권좌에서 물러난 것이다. 그 당시에 권력자가 자발적으로 권력에서 물러나는 일은 상상할 수 없었다. 또한 미국이 처한 어려운 상황에서 볼 때 시기적으로 너무 빠른 하야였을지도 모른다. 그렇지만 워싱턴은 그가 자발적으로 권좌에서 물러나는 것이 절대왕권의 시대적 대세를 거스르며 삼권분립의 원칙 아래 새로운 정치제도를 실험대에 올린 미국 민주주의의 역사적 소명임을 알고 있었다.

그가 역사의 관례를 깨고 권좌에서 스스로 물러날 수 있었던 것은 미국에 대한 자부심이었다. 그리고 그 자부심의 원천은 국민에 대한 믿음이었다. 1796년 워싱턴이 은퇴할 즈음 미국은 국내외적으로 불안한 시기였고, 모든 것이 불확실했다. 워싱턴은 신생 독립국을 안정된 궤도에 올려놓지도 못했다. 미국에서는 당파 간 정쟁이 계속되었고, 그 정쟁의 뿌리는 남북으로 갈라진 지역 이해관계의 대립에 있었다. 그 해결의 실마리가 보이지 않았다.

대외적으로는 영국이 미국의 실질적인 독립을 집요하게 방해하고 있었다. 여전히 미국 경제는 영국이나 유럽 국가들과의 통상에 의존하고 있었기 때문에, 대서양에서 영국 해군이 미국 상선에 가한 제제와 간섭은 미국인들의 자존심을 훼손하고 있었다. 서부 내륙에서는 인디언의 위험이 상존하고 있었고, 북쪽에서는 프랑스가, 남쪽에서는 스페인이 압박하고 있었다. 유럽 국가들은 영국의 품을 떠난 신생국이 과연 실질적인 독립에 성공할 수 있을지 의심하고 있었다. 미국인들조차 미국이 공화주의에 근거한 독립국가로 정착할 수 있을지 의문을 갖고 있었다는 데 문제가 있었다. 워싱턴은 1794년 펜실베이니아에서 발생한 이른바

1794년 '위스키 반란'을 제압하는 워싱턴 곡물을 운반하기 쉬운 위스키로 만들어 판매하던 펜실베이니아의 농민들은 연방정부가 위스키에 세금을 부과하자 이에 대항해 반란을 일으켰다.

'위스키 반란the Whiskey Rebellion[5]을 진압하느라 애를 먹었다. 개인적인 야망에 따라 서부로 간 개척민들은 새로운 정부가 추진하는 정책에 불만 투성이였다. 이들 개척민들은 영국이 지배하던 시기에 비해 군사적으로 아직 체제를 갖추지 못한 정부를 신임하지 못하고 있었다. 인디언이나 기타 유럽인들의 공격으로부터 그들을 지켜주지 못했기 때문이었다.

한마디로 신생 독립국인 미국은 모든 부분에서 미완성이었다. 외국의 간섭과 제제는 끊이지 않았고, 국민의 국가에 대한 가치관이나 애국심은 정착되지 않았으며, 정부에서는 당파 간 갈등이 고조되고 있었다. 모든 상황을 고려할 때 당시 압도적인 지지를 얻고 있었던 워싱턴이 좀더 통치하는 것은 당연한 시대적 요구였다. 모두 이 사실에 반발할 수 없었다. 그럼에도 워싱턴은 스스로 권좌에서 물러났다. 모두가 신생 미합중국이 진정한 독립에 성공할 수 있을지 의문시하고 있던 그 시점에서 워싱턴은 과감히 통치권을 내놓은 것이다.

워싱턴은 퇴임 후에도 모범적인 삶을 살았다. 그의 "위대한 첫 단추"는 후세대에 모범이 되었다.[6] 그의 행동으로 인해 그가 그토록 자부심을 갖고 자랑스러워하는 미국이라는 새로운 실험이 유럽의 역사적 여정과는 달리 차별화될 수 있고, 성공할 수 있다는 믿음을 국민들이 가졌기 때문이다. 만약 그가 미국 체제에 대한 자부심이 없었고, 그것을 유지할 수 있는 국민에 대한 신뢰가 없었다면, 더 오랫동안 미국을 통치했을 것이다.

워싱턴의 위대함은 그가 어떠한 정책을 펼쳤는지에 있지 않다. 그의 위대함은 그가 세계사의 큰 흐름에서 미국이라는 공화정을 성공시키기 위해 자신이 할 수 있는 상징적인 처신이 무엇인지를 알고, 이를 행동에 옮겼던 것에 있다.

존 애덤스
John Adams

헌법을 신뢰의
기반으로 삼아라

미국의 현실을 즉시하다

1796년, 워싱턴에 이어서 제2대 대통령으로 존 애덤스가 당선되었다.
워싱턴이라는 절대적인 지도자의 후임을 선택하는 일은 쉽지 않았다.
또한 1796년 선거는 미국 최초의 정당 대결 선거였다. 집권 연방파the
Federalists의 주도권에 밀려 차별받고 있다고 생각한 남부 주들은 민주공
화당Democratic Republican Party을 결성해서 대권을 노렸다. 그들의 대표자는
〈독립선언문〉의 작성자이며 남부를 대표하는 토머스 제퍼슨이었다.

연방파는 제퍼슨의 대항마를 세우기가 쉽지 않았다. 연방파는 대통령

제2대 대통령 존 애덤스　그는 "현재의 행복한 헌법"이 미국인들의 자유와 복지를 보장하는 최고의 토대임을 강조하면서 헌법에 기초한 미국의 제도에 대한 자부심을 강조했다.

후보 추대를 놓고 파당적인 내분으로 갈등을 겪었다. 워싱턴의 오른팔이라고 할 수 있는 알렉산더 해밀턴은 능력이 출중했지만 적이 너무 많았다. 부통령이었던 애덤스는 해밀턴만큼 능력은 없었지만, 원만한 성격의 소유자였다. 또한 애덤스가 워싱턴 재임기간에 부통령으로서 묵묵히 소임을 다했던 것도 동료 연방파의 신임을 얻기에 충분했다. 연방파는 애덤스가 해밀턴보다 똑똑해서라기보다는 해밀턴보다 인간적으로 원만했기 때문에 그를 후보로 선출했다.

　애덤스는 선거인단 투표에서 단지 세 표 차이로 승리했다.[7] 연방파가 집권하는 동안 남북으로 갈린 의회는 대통령 선거에서도 그러한 지역 구도를 그대로 드러냈다. 공화국에서 서로 다른 정당의 대결로 대통령을 선출하는 것이 그렇게 이상하게 보이지 않을지 모르지만, 당시 미국의 사정을 들여다보면 건전한 정당정치의 대결이라고 보기는 힘들다. 선거는 신생 독립국의 정치문제를 그대로 보여주는 파당적 내분의 결과였다. 더욱이 남북지역 분열에 따른 파국적인 정쟁이었다. 애덤스는 북부 표를 석권했고, 제퍼슨은 남부 표를 석권했다. 워싱턴 재임 후반부터 서서히 드러나고 있던 남과 북의 지역 대결은 1796년 선거를 기점으로 심화되었다. 워싱턴이 없는 미국의 운명은 워싱턴과 같은 절대적인 카리스마를 갖추지 못한 새로운 대통령 애덤스의 리더십에 맡겨졌다.

애덤스는 '건국의 아버지들' 가운데 한 명이었지만, 그에 대한 국민의 지지도는 약했다. 애덤스는 〈독립선언문〉 작성의 기초위원으로서 제퍼슨의 중요한 이념적 동지였으며, 1778년에는 독립전쟁 중 프랑스를 미국의 우방으로 만든 파리조약을 성사시키는 데 주도적인 역할을 했다. 초대 주영공사를 지내면서 오랫동안 공무를 마치고 1788년 귀국했을 때, 그의 고향인 매사추세츠 주민들은 그를 열렬히 환영했다. 그가 초대 부통령에 당선된 것은 예상된 순리였다.

그러나 미국의 모든 시선은 워싱턴에게 향했고, 부통령은 그저 이름뿐이었다. 워싱턴은 주요 국사를 논하는 데 부통령을 포함시키지 않았다. 애덤스의 존재는 국민에게서 서서히 잊혀졌다. 그는 아내인 아비게일에게 그의 부통령 자리는 "세상에서 가장 하찮은 직책"이라고 푸념하곤 했다. 게다가 그가 북부 출신이라는 것 때문에 한때 그의 정치적 동반자였던 남부 출신 '건국의 아버지들'이 그에게 등을 돌렸다. 미국 독립의 가장 중요한 사상적 토대를 쌓으며 친분이 두터웠던 제퍼슨의 정적이 된 것은 애덤스의 의도와는 상관없는 시대의 산물이었다.

위싱턴의 후광에 가려 주목받지 못했던 애덤스는 외모적으로도 매력이 없었다. 그는 작은 키에 뚱뚱하기까지 해서 '땅딸보'라는 별명으로 불렸다. 게다가 대통령으로서 애덤스가 해결해야 할 국가의 문제들은 거대했다. 그가 대통령에 당선될 즈음에는 연방파와 공화파의 싸움이 극에 달했고, '세 표 차이 대통령'이라는 타이틀은 애덤스 임기 내내 따라다녔다. 국내 문제에서나 프랑스혁명에 따른 국외 문제에서 갓 독립한 미국의 운명은 풍전등화였다. 1797년 3월 4일, 애덤스는 취임 연설에서 국내외적으로 미국이 직면하고 있는 현실을 언급하며 미국은 "불확실의 대양an ocean of uncertainty"에 빠져들고 있다고 우려했다.

자부심은 국민에 대한 확신에 근거한다

취임 연설에서 애덤스가 가장 강조한 것은 미국에 대한 무한한 믿음과 자부심이었다. 그는 미국인들이 어려움 속에서도 "더욱 완벽한 연방a more perfect union"을 추구했으며, "현재의 행복한 헌법present happy Constitution"은 미국인들의 자유와 복지를 보장하는 최고의 토대임을 강조했다.

미국이 헌법제정과 함께 1789년 미합중국의 역사적 항해를 시작한 지 8년 후, 애덤스가 취임사의 상당 부분을 새삼 헌법에 대한 칭송으로 일관했던 이유는 언뜻 이해되지 않는다. 애덤스는 제헌회의에 참여하지도 않았다. 그는 초대 영국공사를 지내면서 영국에서 활동했기 때문에 헌법제정에 직접 관여하지 않았다. 게다가 8년 동안 워싱턴 정부의 부통령이었지만 실질적으로 국가건설에 중요한 몫을 담당하지 못했다. 하지만 애덤스는 신생 미합중국에 가장 필요한 것은 헌정憲政에 대한 믿음과 자부심이라고 믿었다. 사실 미국 헌법은 그렇게 '완벽한' 계약도 아니었으며, '행복한' 계약도 아니었다. 모두 각각 하나의 국가나 다름없는 열세 개 주들이 모두 만족하고 행복할 수 있는 그런 헌법을 만들 수 없었다. 미국 헌법은 타협의 소산이었기에 상당 부분 미완성이었고 불명확했으며, 무엇보다도 지역 간의 갈등 소지가 많았다. 워싱턴 재임 8년 동안 헌정질서에 이렇다 할 도전이 없었던 것은 헌법이 완벽해서였다기보다는 워싱턴이라는 절대적인 지도자의 존재 때문이었다.

애덤스는 제2대 대통령으로서 그가 해야 할 가장 시급하고 중요한 일은 헌법에 대한 절대적인 믿음에 기초한 미합중국에 자부심을 갖는 것이며, 이러한 자부심에 근거해서 헌정질서를 연속해야 한다고 믿었다. 미국 헌법은 견제와 균형의 원칙 아래 새로운 민주주의 질서를 시범적으로 보여주는 미국의 자부심이라고 강조했다. 그는 취임사에서 "민족적 자부심"은 다른 어떤 외형적인 화려함이 아니라 미국의 헌법이 보여준 것처럼 그것을 만들었던 국민에 대한 "확신"에 근거한다고 밝혔다.

애덤스가 사람이 아닌 헌법에 기초한 미국의 제도에 대한 자부심을 강조한 것은 미국 초기 역사에서 의미가 크다. 워싱턴이 '대통령 폐하'라는 칭호를 거부했듯이 애덤스도 극존칭을 거부했다. 사람들이 그를

'신과 같은 애덤스'라든가 심지어 '건국의 아버지'라고 부르는 것조차 싫어했다. 오히려 칭송받아야 할 사람은 국민이지 특정한 지도자가 아니라는 것이다. 그는 모든 '건국의 아버지들'은 불안전한 인간이기에 영웅에 근거해서 초기 미국의 기틀을 세우는 것은 미국 공화정의 미래에 좋지 않다고 보았다. 워싱턴이나 그를 포함한 '건국의 아버지들'에 대한 과대한 칭송은 "미국혁명에 대한 진실을 멜로드라마적 로맨스로 변질"시킬 우려가 있기 때문이었다.[8] 물론 애덤스는 워싱턴이 "후대에 계속될 불멸의 영광을 구축"했다면서 워싱턴의 8년 통치를 더욱 칭송했고, 워싱턴의 위대한 본보기를 따라 열정적으로 헌정질서를 이어가겠다고 약속했다. 그는 다만 특정 '건국의 아버지들'의 과대한 영웅화로 인해 다른 건국의 아버지들이나 국민 전체, 미국을 세운 제도적 기초인 헌법에 대한 의미가 약화될 것을 우려했을 뿐이었다.

애덤스는 취임사에서 구체적인 정책을 내세우지 않았다. 영국과 프랑스의 견제, 특히 프랑스혁명과 직간접적으로 맞닿아 있는 국내 정치의 갈등 등 산재해 있는 국내외 문제를 앞에 놓고도 그는 어떠한 정책 원칙이나 구상을 드러내지 않았다. 다만 헌법에 대한 자부심, 전 정권에 대한 칭송을 통해 헌정질서의 연속성을 강조할 뿐이었다. 모든 면에서 불확실하고 불안한 시대를 살아가고 있는 미국인들에게 애덤스는 그가 해야 할 일이 무엇인지를 명확히 보여주었다. 아직 모든 것이 어수선하고 미흡했지만 하나하나 구체적인 개혁을 제시하는 것보다는 갓 태어난 합중국 체제에 대한 자부심과 헌정질서를 지키는 것이 중요했다. 그런 점에서 애덤스는 제2장에서 살펴볼 '전통을 되새김하는 대통령'

의 원조라고도 할 수 있다.

인기보다 평화를 선택하다

애덤스는 헌정질서를 이어가기 위해서 워싱턴의 각료들을 거의 대부분 그대로 유임시켰다. 이들 각료들은 연방파의 '대부'였던 해밀턴과 긴밀한 관계를 유지하고 있었기 때문에, 사실상 애덤스의 참모들이라기보다는 해밀턴의 손과 발이나 다름없었다. 애덤스로서는 해밀턴의 존재가 부담스러웠으며, 각료들이 그와 가깝다는 것이 부담스러웠다. 그럼에도 애덤스는 헌정질서의 연속성을 위해서 워싱턴의 각료들을 유임시켰던 것이다.

각료들이 해밀턴의 인맥에서 벗어나지 못했지만, 애덤스는 그것을 크게 염두에 두지 않았다. 연방파의 한 사람으로서 애덤스가 연방파의 시각을 정책에 반영한 것은 사실이지만, 그렇다고 무조건적으로 연방파의 의견을 그대로 수용하지는 않았다. 애덤스는 "건국의 아버지들 중에서 가장 독자적인 입장"을 견지했던 인물이었다.[9]

당을 초월한 그의 독자성이 가장 극명하게 드러난 것은 프랑스와의 준전쟁을 종식시키고 평화협상을 체결한 사실이다. 미국은 연방 성립 이후 최초로 외국과의 전쟁 가능성에 직면했지만, 애덤스의 뚜렷한 리더십으로 전쟁을 피했다. 1796년 대통령 선거로 인해 미국은 사실상 프랑스와 전시상태에 돌입했다. 외교는 미국의 운명을 가름하는 가장 중요한 바로미터였다. 여전히 유럽과의 통상에 의존했던 미국은 당시 막강한 해군력을 바탕으로 대서양 항해를 독점관할하고 있던 영국의 눈치를 볼 수밖에 없었다. 상업과 무역에 경제적 기반을 두고 있는 북부는 친영국적 정서가 강했고, 연방파 지도자들은 대부분 친영국계였다. 반대로 플랜테이션 중심의 농업에 경제적 기반을 두고 있는 남부는 친프랑스적 정서를 갖고 있었고, 공화파 지도자들은 대부분 친프랑스계였다. 프랑스가 혁명의 소용돌이와 혼란으로 치닫자, 연방파는 더욱 영국 쪽으로 가깝게 다가갔고, 프랑스를 비웃었다. 반면에 공화파는 프랑스가 미국의 독립과 유사한 이념에 근거해서 혁명을 일으킨 것을 치켜세우며 프랑스 쪽에 친밀하게 다가갔다. 프랑스혁명은 미국의 남과 북이라는 지역적 가름과 갈등을 더욱 심화시키고 있었다.

이러한 상황에서 1796년 대통령 선거가 다가오자 프랑스혁명 정부는 제퍼슨의 공화파가 정권을 잡기를 원했다. 워싱턴은 중립원칙을 표방했지만 프랑스는 워싱턴 정권을 사실상 친영국 정권으로 간주했다. 1778년 동맹조약에 의해서 프랑스가 미국의 독립을 지원했지만, 프랑스는 미국이 프랑스의 신의를 저버리고 영국의 하수인으로 전락했다고 비난했다. 그래서 제퍼슨이 선거에서 승리하길 원했던 것이다.

하지만 연방파의 애덤스가 당선되자 실망한 프랑스는 노골적으로 미국을 비난하면서, 미국은 중립국이 아니라고 선포하고 해상에서 미국 선박을 나포하는 등 미국의 교역을 방해하기 시작했다. 프랑스의 도발에 미국 또한 반격했다. 해상에서 미국과 프랑스는 준전시상태에 돌입했다. 연방파는 애덤스로 하여금 프랑스에 공식적으로 선전포고하도록 압박했다. 특히 연방파의 실세인 해밀턴은 적극적으로 프랑스와의 전쟁을 주장했다. 몇 번의 해상전투에서 미국이 승리를 거두자 북부를 중심으로 미국인들은 본격적으로 프랑스와의 전쟁을 요구했다. 대통령 애덤스의 인기는 하늘을 찔렀다. 그동안 워싱턴의 후광에 가려서 이렇다 할 인기를 얻지 못했고, 대통령으로서 그의 능력에 대한 국민의 시선도 미심쩍었지만, 프랑스와의 전시상태로 말미암아 애덤스의 지지도는 급상승했다.

그러나 애덤스의 선택은 인기가 아니라 평화였다. 그는 아직 프랑스와 전면전을 벌여 승리할 수 있을 정도로 미국의 국력이 크지 않다고 판단했다. 무엇보다도 워싱턴의 중립주의는 지켜야 한다고 믿었다. 어떤 이유든지 간에 미국이 유럽 국가들의 세력 다툼에 말려들 경우 미국은 자연스럽게 다시 유럽의 정치문화에 오염될 수밖에 없으며, 그것은 미국이 시도하고 있는 공화주의의 순수함을 퇴색시키는 결과를 초래한다고 믿었다.

1797년 10월, 애덤스는 세 명의 특사를 파리로 보내서 프랑스와의 관계 개선을 시도했다. 그러나 프랑스혁명 정부는 애덤스의 특사를 박대했을 뿐만 아니라 상황을 더욱 악화시키고 말았다. 이른바 'XYZ 사건'이 터진 것이다. 이는 XYZ라는 약칭을 사용한 익명의 프랑스 관계자들이 미국 사절단에게 평화회담의 조건으로 일정 금액의 뇌물을 요구함으로써 발생한 사건이었다. 이 소식은 이내 미국에 알려졌고, 미국은 발칵 뒤집혔다. 친영국 북부와 친프랑스 남부로 갈려 있던 미국은 일순간 애국심으로 결집해서 전쟁을 외쳤다. 이른바 'XYZ 열병'은 전 미국을 전쟁 열풍으로 몰아갔다. 1796년 선거부터 심각한 내분을 겪고 있었던 연방

__XYZ 사건을 그린 풍자만화__ 프랑스를 상징하는 다섯 명의 남자가 미국을 상징하는 한 여성의 재산을 강탈하고 있다. XYZ 사건은 미국과 프랑스를 전쟁 위기로 몰고 갔지만, 애덤스는 1800년 프랑스와 평화협정을 체결하면서 위기를 극복한다.

파나 애덤스는 최고의 지지도를 얻게 되었다.[10]

　하지만 애덤스는 여전히 전쟁을 원치 않았다. 프랑스와의 전쟁에 대한 승산 여부도 문제였지만 워싱턴의 중립원칙에 위배되기 때문에 그는 국민의 '전쟁 열병'에 순응할 수 없었다. 그는 놀라울 정도로 냉정했다. 해상에서 자행된 프랑스의 도발에 강력하게 응징했으며, 의회를 설득해서 해군부를 창설했고, 프랑스와의 모든 무역을 중단하고 1778년 프랑스와 맺었던 통상조약을 폐기했다. 그러나 실질적으로는 프랑스와의 정면대결을 피해가면서 협상의 실마리를 찾고 있었다. 1799년 2월, 애덤스는 평화사절단을 파리로 보내 프랑스를 회유하도록 했다. 이 사실이 알려지자 국민은 놀랐고, 특히 연방파에서도 애덤스를 노골적으로 비판하고 나섰다. 애덤스는 이에 개의치 않고 계속해서 평화를 추구했다. 다행히 얼마 있지 않아 '제1총통'으로 정권을 장악한 나폴레옹 보나파르트도 미국과의 대결을 원하지 않는다는 의사를 표명했다. 결국 1800년 9월, 미국과 프랑스 대표자는 협상 테이블에 앉았고 양국 사이에 평화로운 통상협정이 체결되었다.

프랑스와의 평화협정으로 애덤스는 국가를 전쟁의 위기로부터 지켜냈지만, 그의 위상과 인기가 추락하는 것을 막을 수는 없었다. 애덤스가 평화를 선택한 것은 그의 정치생명에 치명적이었다. 그가 이 사실을 모를 리 없었다. 1800년 대통령 선거를 불과 몇 개월 남겨놓고 프랑스와 평화를 구축한 것은 그의 재선에 불리하게 작용할 것이 뻔했다. 만약 그가 전쟁을 선택했다면 상황은 달라졌을 것이다. 물론 남부는 이미 제퍼슨을 중심으로 강력하게 대권 도전을 준비하고 있었다. 그러나 만약 전쟁 중이라면 국민이 현직 대통령을 낙선시키기가 쉽지 않았을 것이다. 무엇보다도 프랑스와의 전쟁을 놓고 연방파는 심각하게 분열했다. 만약 애덤스가 평화가 아닌 전쟁을 선택했더라면 적어도 연방파의 분열은 막을 수 있었을 것이다. 하지만 애덤스는 끝끝내 전쟁이 아닌 평화를 선택했고, 결국 1800년 대통령 선거에서 고배를 마셨다. 미합중국의 제2대 대통령은 재임에 실패하고 단임으로 그 임기를 마치고 말았다.

애덤스는 재선에 실패했지만 대통령으로서 프랑스와 전쟁을 피한 것,

이로 인해 신생 미합중국의 독립을 지켜낸 것에 무한한 자부심을 가졌다. 그는 퇴임 이후에도 그가 선택한 평화를 가장 중요한 치적으로 자부했다. 그래서 그의 무덤에는 "여기 1800년, 프랑스와의 평화에 책임을 다한 존 애덤스가 묻혀 있다"는 소박하지만 의미 있는 비문이 새겨져 있다.

토머스 제퍼슨
Thomas Jefferson

국민의 자유와
행복이 기준이다

우리는 모두 연방파이면서 공화파다

"우리는 다음과 같은 사실을 자명하다고 주장하는 바다. 즉 모든 인간
은 평등하게 창조되었으며, 어떤 불가분의 권리를 조물주로부터 부여받
았으니, 거기에는 생명과 자유와 행복 추구의 권리가 포함된다." 자유와
평등은 토머스 제퍼슨이 기초한 미국 〈독립선언문〉의 핵심이다. 이는
미국 독립뿐 아니라 뒤이어 전개되는 프랑스혁명, 그리고 이후에 등장
한 숱한 자유민주주의 혁명에 메아리쳤다. 훗날 링컨은 "인민의, 인민에
의한, 인민을 위한 정부"라는 기념비적인 문구로 제퍼슨의 민주주의 원

칙을 되새김했다.

〈독립선언문〉을 작성한 제퍼슨이 1800년 선거에서 당선되어 제3대 대통령에 취임한 것은 지극히 당연한 역사적 순리처럼 보인다. 분명 제퍼슨은 미국 독립의 일등공신이었으며 훗날 미국 역사에서 가장 빛나는 대통령 가운데 한 사람으로 평가받고 있다.

하지만 1800년 선거는 신생 독립국인 미국이 얼마나 위태로운 걸음마를 뗐는지 여실히 보여주었다. 제퍼슨은 이 선거를 '1800년 혁명'이라고 했다. 워싱턴-애덤스의 연방파 집권 12년 후에 공화파가 정권을 획득하면서 정치적 혁명이 일어났다. 현 시대의 용어를 빌린다면 일종의 '평화로운 정권교체'였다. 그렇지만 상처투성이인 정권교체이기도 했다.

미국은 북부 기반의 연방파와 남부 기반의 공화파로 양분되었고, 연방파의 12년 집권에 대한 공화파의 불만은 극에 달했다. 선거 기간에 온갖 중상모략과 흑색선전이 난무했다. 연방파는 제퍼슨이 매우 위험하고 급진적인 인물이며, 공화파가 정권을 잡을 경우 프랑스혁명과 비견될 만한 공포정치가 실시될 것이라고 엄포를 놨다. 공화파는 애덤스를 왕권 복귀를 획책하는 위험한 인물로 묘사하며, 다시금 연방파가 집권할 경우 미국의 자유공화주의는 종식되고 유럽식 전제왕권의 시대가 도래할 것이라고 위협했다. 신생 미합중국은 남과 북의 지역정서와 맞닿아 있는 당파싸움으로 사실상 분열되었다.

제퍼슨이 당선된 가장 큰 이유는 한 표의 이탈도 없었던 남부의 '몰표' 덕분이었다. 정권을 잡은 남부 공화파는 복수의 칼을 갈았고, 북부 연방파는 수세에 몰렸다. 미국 건국의 이상은 파당정치로 훼절될 위기에 몰렸다. 미국은 과연 연방을 제대로 유지할 수 있을지 모르는 위기의 시기를 맞게 된 것이다.

위기의 시기에 신임 대통령이 어떠한 원칙과 정책으로 국사를 운영하는가는 향후 미연방의 운명뿐 아니라 미국의 정체성을 가늠하는 중요한 척도가 될 수밖에 없었다. 1800년 선거를 치르면서 정치적·정서적으로 이미 피폐해진 미국인들은 새로운 대통령의 취임사에 촉각을 곤두세웠다. 제퍼슨은 취임사에서 연방파 12년 집권의 실정을 지적하지 않았다. 그러한 뉘앙스를 풍기는 간접적인 수사도 사용하지 않았다. 새로운 정부는 과거의 실정을 바로잡는 개혁정책을 펼 것이라는 약속도 하지 않았다. 오히려 그는 예상과는 달리 앞 정권의 주요 원칙을 상당 부분 그대로 이어나갈 것임을 천명했다. 특히 워싱턴과 애덤스의 중립정책을 고수했다. 제퍼슨은 취임사에서 "유럽에 말려들어가는 동맹"을 피하면서 독자적인 중립노선을 걷는 것이 미국을 위한 "가장 위대한 법칙"이라고 선언했다. 워싱턴과 애덤스의 외교원칙을 그대로 되새김한 것이다.

그는 또한 "우리는 모두 연방파이면서 공화파"라고 하면서 연방파를 끌어안고자 했다. 그는 미국의 시작부터 조금씩 드러나기 시작했고, 연방파가 두 번 집권하는 동안 확대되었으며, 1800년 선거에서 극명하게 표출된 지역과 당파의 분열 및 대결구도를 청산하는 것이 새로운 정부의 우선적인 과제임을 알고 있었다. 문제는 그 과제를 어떻게 해결하느냐에 있었다. 그는 연방파와 공화파의 정치적 대결을 사적인 감정이나 이해관계에 기초한 비이성적인 정치싸움으로 보지 않았다. 다만 그러한 대결은 미국 헌법에서 보장한 자유의 소산이며, 이는 존중되어야 한다

토머스 제퍼슨이 기초한 미국 〈독립선언문〉 이 문서는 미국 독립뿐 아니라 프랑스혁명 등 세계 민주주의 혁명에 큰 영향을 미쳤다.

고 보았다. 의견이 서로 다르다는 것은 결코 "원칙의 다름"이 아니기 때문에, 연방파든 공화파든 정치적 의견은 다르지만 같은 원칙을 소유하는 한 형제임을 강조했다.

제퍼슨을 지지했던 남부 공화파들은 1800년 선거의 승리로 들떠 있었다. 그들은 제퍼슨을 12년 연방파의 폭정에서 미국을 구한 구원자로 여겼다. 이러한 공화파의 정서를 고려할 때 제퍼슨의 취임사는 오히려 들떠 있는 공화파와 그러한 정서를 이용해서 연방파 척결이나 '정치적 보복'을 시도하고자 하는 동료 공화파를 겨냥한 차가운 견제를 담고 있다. 제퍼슨은 민주주의에서 다수의 뜻이 중요하기는 하지만, 그것은 합리적이어야 하며, 소수파도 동등한 권리를 소유해야 한다고 했다. 또한 그들의 권리는 동등한 법에 의해서 보호되어야 하고, 그것을 저해하는 어떠한 행동도 용납되지 않을 것임을 명확히 했다.

공화파들은 이전 정권에서 임명된 연방파 관료 전원을 내보낼 것을 제퍼슨에게 요청했으나, 그는 이를 거절하고 상당수를 유임시켰다. 새로운 장관들도 남부 출신보다는 북부 출신이 압도적으로 많았으며, 이들은 주로 온건한 공화파들이었다. 국무장관에 임명된 제임스 매디슨은 오랫동안 제퍼슨의 친구이자 독립투쟁의 동지였지만 급진적 공화파를 대표하는 사람이 아니었다. 전쟁장관, 검찰총장, 해군장관 등 주요 장관들도 온건한 공화파 성향으로 분류되는 북부 출신이었다. 제퍼슨의 새로운 각료 임명 중에서 가장 눈에 띄는 것은 재무장관으로 앨버트 갤러틴Albert Gallatin을 임명한 일이다. 재무장관은 워싱턴 행정부부터 신생 독립국의 살림을 도맡아왔던 요직이었다. 갤러틴은 스위스 출신 이민자였으며 펜실베이니아 출신 정치가였다. 그가 이민자였다는 점 때문에 반대하는 사람도 있었고, 북부 출신이라는 것 때문에 반대하는 사람들도 있었지만, 제퍼슨은 갤러틴이 재무장관을 맡을 능력과 경험을 겸비한 최고의 선택이라고 반대파들을 설득했다. 제퍼슨의 판단은 정확했다. 갤러틴은 1814년까지 재무장관직을 수행했으며, 미국 역사상 최장 기간 재무장관으로서 초기 미합중국의 경제를 성공적으로 안착시켰던 인물이었다.

그뿐 아니라 하급관료 임명에서도 제퍼슨은 급격한 변화보다는 점진적인 인사를 통한 개혁을 시도했다. 대통령이 임명할 수 있는 300여 개의 직책은 대부분 연방파가 독식하고 있었음에도 제퍼슨은 가능한 한 최소한의 변화만 주었다. 1803년 말이 되어서야 공화파가 이들 직책의 절반 정도를 차지했던 것을 볼 때, 제퍼슨은 3년이라는 오랜 기간을 거쳐 점진적으로 인사개혁을 시행한 것이다. 이러한 점진적 인사개혁에 불만을 토로하는 공화파의 비판을 받을 때마다 제퍼슨은 인사는 당과 지역을 초월해서 정직, 능력, 헌법에 대한 충성도, 그리고 국민에 대한 신뢰도에 기초해야 하며, 이것이 미국 공화주의가 성공할 수 있는 제도적 조건이라고 설득했다.

자유와 행복을 보장하는 정부를 꿈꾸다

연방파를 끌어안은 포용정책이나 능력에 따라 직책을 임명하는 인사정책보다도 더 중요한 것은 제퍼슨의 국가관이며 그에 따른 자부심이었다. 1800년 선거에서 공화파가 정권을 장악하자 오랜 연방파의 정책에 익숙했던 국민은 과연 공화파가 군사적으로나 경제적으로 튼실한 국가를 만들 수 있는지 의문을 품고 있었다. 연방파가 중앙정부의 강력한 주도권을 갖고 강한 군대, 강한 경제로 '강성국가National Greatness'를 건설하는 것에 주력했다면, 공화파는 중앙정부의 간섭과 통제로부터 주 정부의 자치권을 지켜내는 '주권국가State Rights Nation'의 원칙을 보장하는 데힘을 쏟았다. 이는 미합중국의 시작부터 미국의 정체를 놓고 연방파와 공화파가 벌인 이념적 대결의 핵심이었다.

제3대 대통령 토머스 제퍼슨 그는 현명한 정부란 시민들의 자유와 행복을 훼손하지 말아야 하며, 그것을 통해 연방에 대한 국민의 자부심을 고양시켜야 한다고 믿었다.

이는 또한 연방파를 대표하는 해밀턴과 공화파를 대변하는 제퍼슨의 이념적 대결이기도 했다. 해밀턴주의자들은 신생 독립국에 가장 필요한 것은 강한 힘이라고 보았다. 힘이 없는 신생 독립국은 국내의 불안요소를 해소할 수 없을 뿐 아니라, 외부의 간섭과 침략에 취약할 수밖에 없기 때문에 빠른 시일 안에 경제적 토대를 탄탄하게 다져야 하며, 강한 군사력을 갖춰 외부 세력들로부터 미국의 안녕과 평화를 지켜내야 한다고 주장했다. 이를 위해서는 조속한 시일 안에 강한 중앙정부를 구축해야 하며, 헌법을 최대한 확대해석한 다음 대통령의 권한을 강화해야 한다고 믿었다.

반면 제퍼슨주의자들은 물리적인 국력 이전에 성숙한 자유를 우선 확립해야 한다고 주장했다. 미국이 영국의 식민지 지배에 대항해서 독립을 쟁취한 가장 근본적인 이유는 자유에 대한 열망이었다. 그래서 주와 국민의 자유를 훼손할 가능성이 있는 일체의 정책은 미국의 정체에 위배된다고 보았다. 강한 군대는 자칫 시민의 자유와 행복을 짓밟는 도구로 전락할 수 있으며, 역사는 이러한 비극적 경험의 사례를 수없이 보여주고 있다고 주장했다. 또한 소극적인 헌법 해석에 기반을 둔 작은 정부를 주창했다. 국가적 위기감을 빌미로 헌법에서 규정한 대통령과 중앙정부의 권한을 확대해석해서 주 정부의 자유를 침해할 수 있기 때문이었다.

해밀턴주의가 현실주의를 대변한다면, 제퍼슨주의는 이상주의를 대변한다고 볼 수 있다. 현실주의자들은 이상주의자에게 국정을 맡긴다는 것이 불안했다. 두 번의 연방과 집권에 익숙한 많은 미국인들은 제퍼슨이 추구하는 공화주의에 불안해하고 있었다. 이러한 국민 정서를 고려해서 제퍼슨은 취임사에서 국민에게 새 정부에 대한 확신을 불러일으키며, 그의 공화주의에 대한 신념을 확고히 하는 데 초점을 맞추었다. 제퍼슨은 영국의 절대왕권의 사슬을 끊고 개인의 자유와 행복을 지키기 위해 세워진 미국 정부는 "세계 최상의 희망"이라고 강조하며, 미국은 이러한 자유와 공공의 질서를 지키기 위해 헌신하는 국민의 열의로 뭉친 지구상의 유일한 국가라는 점을 부각시켰다. 또한 이러한 국민적 자부심에 근거한 공화국은 강할 수밖에 없으며 분명 성공할 것이라고 밝혔다.

제퍼슨이 추구하는 이상적인 공화 정부의 핵심은 그가 〈독립선언문〉에서 주창했듯이, 자유와 행복이었다. 그는 현명한 정부란 시민의 자유와 행복을 훼손하지 말아야 함은 물론이요, 그것을 외부의 압력으로부터 지킬 수 있어야 한다고 주장했다. 제퍼슨은 정치, 종교, 사상, 표현 등 헌법에서 명기한 자유를 보장하는 정부야말로 진정한 공화주의 이상에 근거한 정부라는 점을 확실히 했다. 국민이 그동안 미국이 확립한 공화주의 원칙에 자부심을 갖고, 계속해서 용기와 확신 속에서 미국의 이상을 실현하는 것이 진정 미합중국을 강하게 만드는 것이라고 주장했다.

확신이 들면 행동으로 옮겨라

제퍼슨은 미국인들이 국가에 갖는 자부심 여부가 어느 정도인지를 중요하게 여겼다. 그는 국민이 미국의 자유를 보존하고자 하는 열의와 헌신을 갖고 있는 한 그가 〈독립선언문〉에서 밝힌 미국의 이상이 성취될 수 있으리라 확신했다. 그 열의와 헌신의 바탕이 연방에 대한 자부심이라고 본 것이다. 제퍼슨은 미국인들이 자부심을 갖고 있다고 믿었으며 그들이 쟁취한 자유를 지킬 수 있는 능력을 갖고 있다고 확신했다.

하지만 당시 미국의 정치적 현실을 놓고 볼 때 제퍼슨이 보여준 국민에 대한 믿음과 자부심은 놀라운 일이다. 국민이 그러한 자부심을 갖기에 미국의 체제는 여러 면에서 불안정했고 미완 단계였기 때문이었다. 무엇보다도 헌법에서 규정된 정부의 형태에 대해서도 국민은 정확히 파악하지 못하고 있었다. 삼권분립에서 입법부와 행정부의 견제와 균형의 실질적인 척도에 대해서 국민은 이렇다 할 의견을 갖지 못하고 있었다. 헌법은 제퍼슨과 같은 정치 엘리트들의 작품이었으며, 그들조차도 권력의 역할과 배분에 대해 서로 다른 생각을 갖고 있었다. 더군다나 북부 연방파와 남부 공화파의 시각은 뚜렷이 달랐으며, 이는 애덤스 행정부 시기에 극명하고도 극적으로 드러났다. 삼권분립의 마지막 축이었던 사법부에 대한 헌법의 내용은 지극히 애매했고, '건국의 아버지들'조차 사법부에 커다란 의미를 부여하지 않았다.

게다가 애덤스는 대통령 임기를 며칠 남겨두고 전격적으로 새로운 대법원장을 임명했다. 이른바 '심야 인사midnight appointment'로 대법원장이 된 존 마셜John Marshall은 급진적인 연방주의자로서, 제퍼슨이 추구하는 주 자유를 최우선으로 여기는 공화주의에 정면으로 대치되는 인물이었다. 실제로 마셜 대법원장은 제퍼슨 통치 8년 동안 끊임없이 대통령의 통수권에 헌법적 견제와 제동을 걸면서 제퍼슨을 불편하게 했던 사람이었다. 결과적으로 볼 때 마셜은 미국 초기 정치사에서 사법부의 권한을 확립함으로써 명실공히 삼권분립에 근거한 견제와 균형의 헌법 원칙을 확립했지만, 제퍼슨에게는 불편한 존재였다.

그럼에도 제퍼슨은 국민이 헌법에서 규정한 자유를 지키며, 그 자유에 근거한 행복을 누릴 수 있다는 확신을 거듭 밝혔다. 제퍼슨이 보여준 자부심의 품격은 국민이 국가에 대해서 완전한 자부심을 갖고 있지 않았음에도 그가 먼저 국민에게 믿음을 가졌고, 결국에는 국민이 그가 원한 자부심을 갖도록 유도한 점에서 위대하다. 그는 자부심을 유도하기 위해 몸소 〈독립선언문〉에 제시한 이상을 실천에 옮겼다. 미국인의 생활 속에서 가장 크게 와 닿았던 종교적 자유를 지켜내기 위해 그가 보여준 실천은 그것을 잘 보여주고 있다. 제퍼슨은 종교적 자유야말로 국민의 양심과 양식에 근거한 자연권natural rights인 자유를 확립하고 지키는 데 필요한 자양분이라고 믿었기 때문이다.

미국의 자유를 지키기 위해서 종교적 자유를 필수적인 조건이라고 보았던 그는 미국의 민주주의가 유럽의 제도와 비교되는 가장 큰 자부심의 근원은 종교적 자유이며, 이를 보장하기 위해 "교회와 정부 사이에 분리의 벽"을 세워야 한다고 믿었다. 그것이 식민지 시대부터 내려온 미국의 전통이라고 보았기 때문이다.[11] 제퍼슨은 1786년에 종교적 자유를 법제화한 '버지니아 종교자유법'을 만들어서 통과시켰으며, 이를 미국 수정헌법 제1조에 삽입하는 데 지대한 공헌을 했다. 대통령이 된 이후에도 제퍼슨은 종교적 자유에 주 정부나 연방정부가 관여하는 것을 허용하지 않았다. 그는 강요받지 않는 믿음이 진정한 믿음인 것처럼, 강요받지 않는 애국심이 진정한 애국심이라고 믿었다. 종교를 포함해서 국민의 양심과 양식에 대한 정부의 개입을 억제하는 것이야말로 국민이 실질적으로 자유를 누릴 수 있는 조건으로 인식했던 것이다.

제퍼슨은 만약 자유를 확립하는 데 어떠한 외부적인 역할이 있다면 그것은 교육에 있다고 보았다. 그는 종교의 자유에 가장 큰 역사적 걸림돌은 무지라고 생각했다. 무지가 종교적 불관용을 낳고, 전제적 정치질서의 근원이 되기 때문에 이러한 무지를 깨우치기 위해서는 교육이 가장 효과적인 방법이라고 보았다. "국민이 그들 자신의 자유를 지키는 궁극적인 파수꾼"이기 때문에 주 정부가 주민들에게 기초적인 교육을 책임질 것을 권유했다. 그리고 교육 중에서도 역사교육의 중요성을 강조했다. 그는 "과거를 앎으로써 스스로가 미래를 판단할 수" 있기 때문에 역사교육을 통해서 미국이 추구하는 자유의 중요성을 깨달을 수 있을 것으로 기대했다.[12] 그리고 자유정신에 기초한 미국의 정치적 지도자를 양성하기 위해 대학 교육 또한 강조했다. 대통령 은퇴 후 제퍼슨은 이 말을 실천했으며, 그의 계획과 땀에 의해 버지니아 대학이 건립되었다.

제퍼슨이 직접 쓴 그의 묘비문은 많은 것을 시사하고 있다. "여기에 토머스 제퍼슨이 안장되어 있다. 미국 〈독립선언문〉의 기초자이고, 버지니아 종교자유법안의 기초자이며, 버지니아 대학의 건립자다." 그의 비문에는 대통령직과 관련된 그 어떤 문구도 없다. 제퍼슨은 대통령이라는 타이틀보다도 그가 자유에 근거해서 미국 독립의 사상적 토대를 세웠고, 그것을 지키기 위해 종교적 자유를 확립했으며, 성숙한 자유의 확립을 위해 교육에 심혈을 기울였다는 점에서 무한한 자부심을 느꼈던 것이다.

에이브러햄 링컨

Abraham Lincoln

역사에 명예롭게
기억되어야 한다

지역정서의 갈등을 어떻게 해결할 것인가

제16대 대통령에 당선된 에이브러햄 링컨이 치른 1860년 선거는 미국 역사에서 가장 어두운 선거였다. 링컨의 당선과 함께 70여 년을 이어온 연방을 허물어뜨리는 선거였기 때문이다. 노예해방을 캐치프레이즈로 내건 링컨이 당선될 경우 남부 주들은 연방에서 탈퇴할 것이라고 선언했다. 이것은 그동안 남부 주들이 보여왔던 연방의 주도권에 대항하는 의례적인 으름장이 아니었다. 그들은 심각하게 연방 탈퇴를 준비하고 있었다. 그렇기 때문에 링컨의 당선은 곧 연방의 해체를 의미했다. 남북

왼쪽부터 셔먼 장군, 그랜트 장군, 링컨, 포터 제독 정치적·군사적 경험이 미천했던 링컨은 대통령 후보로 적합하지 않았으나, 연방헌법에 대한 절대적인 믿음과 자부심을 갖고 있었다.

으로 완전히 갈린 지역 분단의 선거에서 링컨은 총 유권자 득표수의 40퍼센트도 얻지 못했지만, 노예문제를 놓고 민주당이 남북으로 갈렸기 때문에 대통령에 당선될 수 있었다.

　선거 직후 연방의 해체가 시작되었다. 오랫동안 남부 분리주의의 온상이었던 사우스캐롤라이나를 필두로 남부 주들이 하나둘씩 연방을 탈퇴하기 시작했다. 1861년 2월에는 연방을 탈퇴한 일곱 개 주 대표자들이 앨라배마 주의 몽고메리에 모여 새로운 국가인 남부연합Confederate States of America을 결성했으며, 제퍼슨 데이비스Jefferson Davis가 남부연합 대통령으로 취임했다. 남부연합은 남부에 위치한 모든 연방기관과 대부분의 요새, 무기고를 접수하고 미국 상업과 무역의 젖줄인 미시시피 강까지 장악했다. 수도인 워싱턴도 안전하지 못했다. 워싱턴에는 소수의 연방군대가 배치되었을 뿐이고, 군인들은 훈련이나 장비 면에서 전혀 전쟁을 치를 준비가 되지 않았다. 더군다나 상당수 군인들은 남부연합에 동조하고 있었다. 이런 위기 상황에서도 연방의회는 특별한 조치를 취하지 않았다. 하원에서는 대통령이 주 민병대를 동원할 수 있는 권한을 부여하는 법안을 통과시켰지만, 상원에서는 전쟁청의 예산을 삭감하는 법안을 통과시켰다. 현직 대통령이었던 제임스 뷰캐넌James Buchanan 은 사태를 그냥 지켜볼 뿐이었다. 임기를 며칠 남겨두고 그가 할 수 있는 일은 아무것도 없었다. 사실 뷰캐넌은 워싱턴을 떠나면서 자신이 "미국의 마지막 대통령"이라고 선언했다.

이제 모든 시선은 신임 대통령인 링컨에게 쏠렸다. 당선자 링컨은 남부연합의 결성과 일련의 행동을 '반란'으로 규정하고 그 책임을 물을 것이라고 확언했지만, 대다수 미국인들은 링컨의 지도력에 의문을 가졌다. 링컨은 워싱턴 정가에 별로 알려지지 않은 인물이었고, 당시 미국 정치계의 '아웃사이더'였다. 정계 지도자들은 켄터키 원두막에서 태어난 프런티어의 시골뜨기 링컨이 대통령의 직분을 성공적으로 수행하기에는 한계가 있다고 보았다. 심지어 그가 임명한 각료들 중에서도 링컨의 리더십에 의문을 갖고 있는 사람들이 있었다.

객관적으로 볼 때 링컨은 분명 미국이 처한 사상 최대의 위기에 대처할 수 있는 역량을 갖춘 대통령이 아니었다. 링컨은 연방 전체의 문제를 다루는 정치적 위치에 한 번도 서 본 적이 없었다. 그가 연방 차원에서 유일하게 정치적 경험을 쌓았던 것은 단임으로 끝난 연방 하원 경력뿐이었다. 그는 군사적 경험도, 전투 경험도 없었다. 내전을 눈앞에 둔 상황에서 링컨은 분명 '준비된 대통령'이 아니었다.

결국 4월 12일, 남부연합은 사우스캐롤라이나의 섬터 요새를 공격했고, 이 사건을 도화선으로 미국은 5년간 내전에 돌입했다. 즉각적으로 네 개의 남부 주들이 추가로 연방에서 탈퇴하고 남부연합에 합류했다. 이로써 남부연합은 사우스캐롤라이나, 앨라배마, 플로리다, 조지아, 루이지애나, 미시시피, 텍사스, 버지니아, 아칸소, 테네시, 노스캐롤라이나를 포함한 거대한 남부 독립국가를 형성하게 되었다. 게다가 연방 쪽에 남았지만 남과 북의 경계에 위치하고 노예제를 찬성하는 주였던 메릴랜드, 델라웨어, 켄터키, 미주리 등이 남부연합에 온정적인 입장이어서 사실상 남과 북의 전쟁이었다. 미국인들은 이 전쟁을 '내전the Civil War'이라고 하지만, 사실은 '남북전쟁'이었다. 그동안 건국 이래 끊임없이 연방의 갈등과 내분의 핵심 배경이었던 남과 북의 지역정서와 그것에 맞닿아 있던 정치·사회·경제·문화 등 총체적인 문제가 남부연합의 출범으로 일시에 폭발했던 것이었다.

명예롭게 기억되기 위한 미국의 책무

링컨이 정치적·군사적으로 경험이 미천했고 준비된 대통령은 아니었을지 몰라도, 그가 연방의 영속성과 토대가 되는 연방헌법에 대한 절대적인 믿음과 자부심을 갖고 있었다는 점에서는 준비된 대통령이었다. 1861년 3월 4일, 링컨은 취임사에서 이 점을 명확히 했다. 미연방은 독립전쟁부터 존속하기 시작했고, 1776년 〈독립선언문〉이나 1778년 연합헌장 등 여러 과정을 통해 다듬어졌으며, 결국 1787년 헌법을 통해 "더욱 완벽한 연방"을 구축하기 위한 역사가 시작되었다는 점을 지적했다. 그러면서 링컨은 대통령으로서 "단순하지만 오직 한 가지 책임"은 그동안 미국인들이 만들어온 연방을 "보존하고, 보호하며, 방어하는 것"이라고 밝혔다.

링컨은 미연방이야말로 "세계에서 유사하거나 더 나은 것"이 없는 미국인들의 자부심이라고 강조했다. 그는 그동안 연방을 지켜왔던 국민의 능력을 치켜세우며, 헌법에 대한 현재의 서로 다른 의견도 이전의 선조들이 그랬던 것처럼 필요한 경우 헌법에서 보장한 권리에 따라 수정헌법안 등을 통해서 현명하게 조율할 수 있을 것이라고 주장했다. 그는 헌법의 원칙에 따라 민주주의에서 소수의 의견도 존중되어야 하지만 어떤 식으로든지 연방에서 탈퇴하는 것은 '무정부anarchy'의 시작이며 연쇄적인 연방 탈퇴로 이어질 수 있기 때문에 용납할 수 없음을 명확히 했다.

흔히들 링컨을 도덕적 지도자로 칭송한다. 틀린 이야기는 아니다. 남북전쟁은 분명 노예라는 도덕적 문제 때문에 발발했다. 연방은 시작부터 노예문제를 해결하지 못하고 흐트러졌고 그것을 끝내 바로잡지 못했다. 연방헌법부터 노예가 미국 시민의 5분의 3에 해당한다는 이른바 '5분의 3절'이라는 애매한 기준으로 노예를 정의했고(《헌법》제1조 제2항), 어느 대통령도 이 문제를 적극적으로 해결하려고 하지 않았다. 미국은 시작부터 도덕적인 위기에 처해 있었고, 링컨은 그러한 문제를 해결하려는 도덕적인 지도자였다. 도덕적인 위기에 도덕적인 인물이 필요한 것은 사실이다. 링컨은 정치에 뛰어들면서 노예해방을 주장하며 국민의 관심을 얻기 시작했고, 노예해방이라는 캐치프레이즈를 내걸고 대통령 선거운동을 전개했으며, 결국 이것을 통해 공화당 후보로 선출되어 대통령에 당선되었다.

하지만 링컨은 노예문제가 도덕 이전에 미국의 정체성에 관한 문제라고 생각했다. 모든 인간은 양도할 수 없는 자유를 누릴 권리가 있다는 것이 미국 〈독립선언문〉의 기본 정신이며, 이에 근거해서 헌법이 제정되었고 연방이 성립되었기 때문에, 노예제도가 지속되는 한 미국의 기본 정체성은 훼손되었다고 보는 것이다. 링컨은 독립정신과 건국이념을 지키는 것이야말로 미국인으로서 진정한 자부심을 갖게 만드는 것이라고 믿었다.

링컨은 정치에 입문하면서부터 이러한 미국의 건국이념을 지키는 것이 정치가의 기본적인 자세라고 보았다. 그는 대통령 선거를 앞두고 의도적으로 노예해방을 주장하면서 정치적 야망을 달성하려고 하지 않았다. 1855년, 미국이 캔자스 영토를 자유주로 연방에 영입하느냐 아니면 노예주로 영입하느냐로 갈등을 겪고 있을 때, 링컨은 캔자스 영토는 자유주로 편입되어야 한다고 주장했다. 그것은 단순히 연방을 지키는 문제가 아니라 "전 세계에 걸쳐 앞으로 수백만의 자유롭고 행복한 사람들이 탄생하게 하는 것이며, 이들이 인류 마지막 세대까지 우리를 축복"하게 하는 일이라고 역설했다.[13]

링컨은 취임식을 위해 워싱턴으로 가는 길에 필라델피아의 독립관에 들렀다. '건국의 아버지들'이 〈독립선언문〉을 발표했던 장소였기에 상징적인 의미가 있었다. 그는 그의 모든 정치적 생각이나 행동은 〈독립선언문〉의 정신으로부터 유래된다는 점을 밝히며, 〈독립선언문〉은 "이 나라 국민뿐 아니라 다가오는 시대, 모든 세계의 인류에게 자유를 준 것이며, 만약 우리가 이러한 원칙을 포기하고 연방을 지켜야 한다면, 나는 굴복하는 그 자리에서 암살당하는 편이 낫다"고 역설했다.[14]

링컨은 대통령이 되어서도 세계에 대한 미국의 책무와 그에 따른 명예를 반복해서 강조했다. 내전이라는, 어쩌면 불명예스러운 국가적 위기 속에서도 미국적 가치를 세계 속에 드높이고자 했다. 1862년 12월 1일, 의회에서 행한 국정연설에서 링컨은 다음과 같이 말했다. "동료 시민 여러분, 우리는 역사를 피할 수 없습니다. 이번 의회나 행정부는 우리의 의지와는 상관없이 역사 속에 기억될 것입니다. 우리가 개인적으로 얼마나 중요한가 중요하지 않은가는 기억될 수 없습니다. 지금 우리가 겪고 있는 격정의 시험은 인류의 마지막 세대까지 우리가 명예롭게 기억되느냐 아니면 불명예스럽게 기억되느냐를 조명하는 빛이 될 것입니다." 링컨은 미국이 자유를 위한 "지구상에 남은 최고의 마지막 희망the last best hope on earth"이라고 적시하며, "하나님이 맡겨준 이 위대한 책무"를 성실하게 수행하자고 역설했다.

다음 장에서 자세히 설명하겠지만, 링컨이 남긴 대표적인 게티즈버그 연설에서도 그는 〈독립선언문〉의 자유와 평등에 대한 자부심과 그것을 지켜야 하는 세계사적 책무를 거듭 강조했다. 그가 발휘한 품격의 위대함은 미국 역사상 최대의 위기에서 미국이 갖는 세계사적 의미를 부각시킴으로써 국민에게 자부심을 고양하고자 했던 것이다. 좋은 리더는 현실적 감각이 탁월하고 현실문제를 극복하는 능력을 갖추어야 하지만, 훌륭한 리더는 위기 속에서도 구성원들의 자부심을 고양시키며 더 큰 미래를 볼 수 있는 비전을 제시할 수 있어야 한다.

무엇이 진정한 링컨인가[15]

링컨은 분명히 전무후무한 미국 최고의 영웅이며 우상이다. 링컨이란 이름은 미국이란 국명의 동의어라고 할 수 있다. 더 나아가 링컨은 미국을 초월해서 전 인류에게 자유와 평등의 사표라고 할 수 있다. 러시아의 문호 톨스토이는 링컨 탄생 100주년을 기념해 링컨을 '작은 예수'로 칭하면서 인류의 성자로 추켜세우기까지 했다.

링컨은 이미 역사적 인물의 영역을 넘어서 신화적 인물로 재탄생했다. 사실 '역사적 신화' 그 자체는 모순적인 수사법이다. 역사는 사실이고 신화는 사실이 아니라는 명제 때문이다. 허구적 링컨 신화의 대표적인 주장은 다음과 같다. 링컨의 노예해방선언은 남북전쟁에서 대외적으로 북부의 정당성을 확보하기 위한 정치적·전략적 선언이었다. '변호사의 변호사'로 불린 링컨은 단 한 번도 흑인노예를 변호한 적이 없으며, 그 자신도 백인 우월주의자였다. 남북전쟁 당시 언론탄압, 인신보호영장 정지 등 비헌법적이고 반인류적인 정책을 시행했다.

과연 무엇이 진정한 링컨의 실체인가? 후대의 역사적 해석도 중요하

독립선언을 제창하는 '건국의 아버지들' 링컨은 취임식에 앞서 '건국의 아버지들'이 〈독립선언문〉을 발표했던 필라델피아 독립기념관에 들렀다. 그의 모든 정치적 생각이나 행동은 〈독립선언문〉의 정신과 그에 대한 자부심으로부터 유래되었다.

지만, 이 물음의 답은 링컨 본인에게서 찾아야 한다. 신화화된 링컨의 모습에서 자주 보이는 것처럼 링컨은 사상가나 도덕군자가 아니다. 링컨은 정치가다. 진정한 그의 실체를 찾기 위해선 대통령으로서 링컨에 주목해야 한다. 링컨은 '위대한 해방자' 이전에 '위대한 지도자'였다. 링컨이 내세운 품격의 진수는 대통령으로서 우선순위를 명확히 하고, 그 원칙에 충실했다는 점이다. 노예해방보다도 위기에 빠진 연방을 구하고, 하나의 국가로 다시 출발하는 것이 대통령 링컨의 우선적인 사명이었다.

링컨의 품격이 위대한 까닭은 그가 미국이라는 국가의 정체성을 단순히 사람과 영토가 아닌, 미국 민주주의의 이상과 원칙에서 찾았고 그것을 지키기 위해 지도력을 발휘했다는 점 때문이다. 링컨은 남북전쟁을 미국의 건국 이상인 자유와 평등을 지키느냐, 아니면 포기하느냐의 시험대로 보았다.

미국 최고의 명연설로 손꼽히는 게티즈버그 연설에서 링컨은 그의 국가관을 간명하게 정리했다. 300가지 단어 안팎으로 작성되었고 2~3분에 불과했던 이 연설에서 그는 미국이 "자유 속에서 잉태되고 만인은 평등하게 태어났다는 명제에 봉헌된" 나라임을 상기시켰다. 또한 그 국가의 명제를 지키기 위해 올바른 정부가 필요하다고 역설했다. 여기서 불멸의 명언을 남겼다. 그 올바른 정부는 바로 "인민의, 인민에 의한, 인민을 위한 정부"라는 점이다.

링컨 신화와 실제에 대한 진실공방보다 더 의미 있는 것은 링컨의 역사적 유산이다. 남북전쟁은 미연방을 반쪽으로 찢었고, 국민의 아픔과 상처는 쉽게 치유되지 않았다. 지역감정은 여전히 미국 통합의 정치적·정서적 장애물이었다. 그럼에도 미국인들은 링컨을 기억했고 그리워했다. 링컨에 대한 갖가지 기억들은 후대의 역사 수레바퀴에 붙고 또 붙어서 거대한 영웅적 화석으로 재탄생되었다.

당대 시인 월터 휘트먼은 링컨의 죽음을 애도하면서 링컨이 라일락꽃처럼 부활해서 불멸의 존재로 남을 것이라고 확언했다. 남북전쟁 이후 최초의 남부 출신 대통령이었던 우드로 윌슨은 링컨의 정신을 받들어 미국 민주주의를 새롭게 정비했다. 프랭클린 루스벨트는 링컨이 노예해방을 위해 투쟁했듯이 문명의 악에 대항해서 싸웠다. 흑인 여가수 메리언 앤더슨은 인종차별에 항의해 링컨기념관 앞에서 성악 공연을 했다. 마틴 루서 킹은 그 계단에서 "나는 꿈이 있습니다"라는 전설적인 연설을 했다. 버락 오바마Barack H. Obama는 링컨의 정치적 고향인 일리노이 주의 스프링필드에서 대선 출마 선언을 했고, 대통령 취임식에서는 링컨이 취임식에서 사용했던 똑같은 성경 위에 손을 얹고 취임선서를 했다. 법학도 오바마는 링컨 신화의 어두운 부분을 비판했지만, 대통령 오바마는 링컨 신화의 밝은 부분을 다시 밝혔다. 이전의 미국인들이 그랬듯 오바마는 미국의 정체성이나 미래를 위해 링컨은 분명 미국의 영웅이자 우상임을 상기했다.

링컨은 만들어진 영웅이자 전통이다. 그의 신화와 실제에 따른 이른바 '링컨 불가사의Lincoln enigma'보다 더 의미 있는 것은 짧은 역사임에도 '미국 불가사의'를 창출하게 만든 미국의 역사의식이다.

프랭클린 루스벨트
Franklin Roosevelt

두려워해야 할 것은
두려움 그 자체다

미국은 아직도 감사해야 할 것이 많다

1933년 3월 4일, 제32대 대통령에 프랭클린 루스벨트가 취임했다. 미국은 이미 대공황의 깊은 수렁에 빠져 있었고, 국민은 체념 상태였다. 미국의 역사와 함께했고, 그동안 미국의 위상과 국력을 세웠던 자유시장경제가 처참하게 무너지고 있었다. 사상 최악의 경제적 위기는 국민으로 하여금 미국 체제와 가치관에 총체적인 의문을 던지게 만들었다.

1929년 10월 24일, 뉴욕 주식시장의 대폭락, 즉 '검은 목요일'에 따라 촉발된 대공황은 미국 국민에게 처참한 결과로 다가왔다. 뉴욕의 고층 빌딩에서는 연일 투신 자살자가 속출했다. 도시마다 식량 배급을 받으려는 인파가 줄을 이었다. 사람들은 썩은 사과라도 찾으려고 쓰레기통을 뒤졌다. 수많은 농촌의 젊은이는 고향을 등지고 무작정 대도시로 떠났다. 더 많은 젊은이들이 일자리를 찾는 걸 포기하고 거리의 부랑자^{hobos}로 전국을 떠돌았다. 그동안 미국 역사의 주요 동력이었으며, 사회 안전판 역할을 했던 서부는 먼지투성이 황야로 되돌아갔다. 실업자들의 농성과 항의 시위가 곳곳에서 계속되었다. 1932년 여름에는 수도인 워싱턴에서 재향 군인 실업자들이 정부가 약속한 보너스를 미리 지불해달라고 대대적인 항의 시위를 했고, 시위를 저지하기 위해 연방 군대까지 동원되었다. 대학가에서는 자본주의에 환멸을 느낀 학생들이 공산주의에 빠져들고 있었다. 그동안 이름뿐이었던 공산당과 사회당에 가입하는 숫자가 급속도로 늘어갔다.

　대공황은 단지 미국의 경제적 위기를 넘어서 자유민주주의 체제에 대한 도전이었으며, 무엇보다도 미국 국민이 그동안 갖고 있던 자부심에 대한 도전이었다. 신임 대통령인 루스벨트는 이 점을 정확히 간파하고 있었다. 루스벨트는 취임 연설에서 우선 미국 체제에 자부심을 드러냈다. 그는 미국 역사의 굽이마다 위기를 극복했던 과거사에 대한 믿음을 강조했다. 미국이 겪고 있는 현재의 경제 위기가 "본질적인 실패에서 온 것"이 아니며, 미국은 "아직도 감사해야 할 것들이 많이 있다"는 점을 환기시켰다. 이것은 놀라운 일이다. 당시 미국이 처한 상황을 볼 때 국민은 분명 신임 대통령이 결연한 의지와 정책으로 대공황을 헤쳐 나아갈 방안을 내세우리라고 기대했을 것이다. 물론 루스벨트는 이른바 '뉴딜정

제32대 대통령 프랭클린 루스벨트 그는 대통령 취임사에서 미국은 "아직도 감사해야 할 것들이 많이 있다"며 미국 체제와 전통에 대한 자부심을 내세웠다.

책'으로 불리는 해법을 내세우기는 했지만, 우선 국민에게 미국 체제와 전통에 대한 자부심을 내세웠고, 한 걸음 더 나아가 국가에 감사한 마음을 잊지 않아야 한다고 환기시켰다.

　루스벨트는 또한 경제공황에 대한 근본적인 해법은 심리적인 것에 있다고 보았다. 그는 취임 연설에서 "우리가 두려워해야 할 것은 바로 두려움 그 자체뿐이다"라는 유명한 말을 남겼다. 그는 취임 일주일 후부터 매주 정기적으로 라디오를 통해 국민에게 다가가는 이른바 '노변담화 fireside chats'를 꾸준히 진행했다. 이는 글자 그대로 대통령이 벽난로 옆에 앉아 가족들과 친구들에게 얘기하듯이 국민과 대화하는 것으로서 국민과 소통하고자 하는 그의 의지가 잘 엿보이는 대목이다. 첫인사부터 친근했다. "친구들, 좋은 저녁입니다." 대통령은 그의 뉴딜정책을 설명했고, 행정부가 대공황을 성공적으로 극복할 것이라는 확신을 국민에게 불어넣었다. 그러나 무엇보다도 노변담화의 핵심은 국민이 미국의 체제와 전통에 대한 자부심을 회복하는 것이었다.

자신감이 생겨야 경제를 회복할 수 있다

루스벨트의 뉴딜정책도 외형적으로는 경기 부양책으로 보이지만 실질적으로는 자신감 부양책이었다. 뉴딜정책으로 연방정부는 여러 정책을 펴면서 일자리를 창출하는 등 경기 부양을 꾀했다. 국민은 하나둘씩 일자리를 갖게 되었고, 수입이 생겼으며, 소비를 하게 되고, 공장들은 재가동되기 시작했다. 케인즈식 경제이론은 루스벨트에 의해서 과감하게 적용되었고, 미국의 경기는 활기를 찾았다. 하지만 이러한 경기 부양책을 통해 루스벨트가 의도한 궁극적인 목표는 국민에게 자신감을 불어넣는 것이었다. 뉴딜정책의 하나인 민간자원보전단Civilian Conservation Corps이 그것을 잘 보여주고 있다.

민간자원보전단은 청년실업자 300만 명을 고용해서 그들로 하여금 길을 닦고 나무를 심으며 공원과 숲길을 만드는 등 근로사역을 하게 했다. 그들은 군대처럼 공동체 생활을 하면서 부과된 사역을 했다. 그들이 받은 임금은 많지 않았지만 도시에서 온 젊은 실업자뿐 아니라 농촌을

활보하던 부랑자들은 그들이 국가와 국민을 위해 무언가를 하고 있다는 강한 자부심을 갖게 되었다. 그들은 돈 몇 푼 벌기 위해 형식적으로 일을 하는 것이 아니라 모든 일에 열정적으로 임했다. 이제 그들은 버려지고 포기한 청춘이 아니라 새로운 자부심과 희망에 부풀어 있는 애국 청년이 되었다. 지금도 요세미티, 옐로스톤 국립공원뿐 아니라 미국 전역에 그들의 땀과 애정이 묻어 있는 공원, 저수지, 숲길 등을 만날 수 있다. 루스벨트가 다른 뉴딜정책보다도 민간자원보전단에 유독 애정을 보였던 것은 바로 뉴딜이 갖는 그런 심리적인 역할을 기대했기 때문이었다.

뉴딜정책에는 문화 관련 사업도 포함되어 있었다. 연방 미술 프로젝트, 연방 연극 프로젝트, 연방 작가 프로젝트 등 각종 문화예술 사업이 추진되었으며, 수많은 미술가가 사업에 고용되어서 공공건물이나 담장 등에 그림을 그렸고, 동네마다 이들의 미술 강좌가 열렸다. 일감을 찾은 연극배우들과 감독들은 마을을 돌아다니며 공연을 했다. 작가들은 그들 동네의 역사와 문화를 주제로 책을 출판했다. 특히, 구전으로만 떠돌던 흑인들의 문화와 생활 체험 등에 대한 대대적인 구술사 작업이 진행되면서 체계적인 녹취 및 자료 수집이 이루어졌다. 이러한 움직임에 발맞춰 그동안 소외되었던 수많은 흑인이 백인 화이트칼라 직업에 고용되었다. 뉴딜정책이 시작된 지 불과 2년 만에 흑인 중 약 30퍼센트가 어떠한 형태로든 정부의 지원을 받았다. 남북전쟁 이후 자유인이 되었지만 백인들의 편견과 제재로 흑인들이 사실상 자유를 누리지 못했던 현실을 고려할 때, 뉴딜정책은 훗날 흑인의 민권 향상에 중요한 계기를 제공한 것이다.

이러한 각종 문화예술 사업 등을 통해서 루스벨트 대통령이 추구하고자 하는 목표는 뚜렷했다. 국민에게 그들 동네의 문화와 예술에 대한 자부심을 고취시켜서 결국 국가와 민족 전체의 자부심과 신뢰를 드높이는 것이었다. 루스벨트는 "예술가들이 국가에 영감을 불어넣는 일에 더욱 책임을 느끼며, 이러한 예술가들을 통해 미국인들의 모든 생활을 예술의 소통으로 끌어올리려고 했다."[16]

과거와 전통을 어떻게 바라볼 것인가[17]

1929년 10월 24일, 뉴욕 주식시장의 대폭락과 함께 미국은 사상 최악의 경제위기를 맞게 되었다. 미국의 대공황은 유럽 대륙으로 전이되었고, 최초의 세계공황으로 확산되었다. 역사학자 아널드 토인비에 따르면 세계공황으로 말미암아 세계 인류는 "서구 사회의 체제가 무너지고 작동하지 않을 가능성을 심각하고도 진지하게 진단하고 있었다."

하지만 위기는 영웅의 탄생을 예고한다. 대공황은 공화당의 12년 장기집권을 종식시키고 민주당의 프랭클린 루스벨트를 새로운 대통령으로 탄생시켰다. 1933년 3월 4일에 있었던 취임사에서 신임 대통령이 던졌던, "우리가 두려워해야 할 것은 바로 두려움 그 자체뿐이다"라는 외침은 대공황의 어두운 터널을 지나고 있는 국민에게 희망의 메시지이자, 새로운 영웅 루스벨트의 탄생을 알리는 선언이었다.

대공황의 위기에서 국민에게 희망을 불어넣으려는 노력은 루스벨트의 품격에서 가장 중요한 부분이다. 그러나 미국의 역사에서 그러한 정

대공황 시기 무료급식소에서 식사를 기다리는 실업자들 루스벨트는 대공황을 극복하기 위해 케인즈식 경제이론을 과감하게 적용했다. 이러한 경기 부양책을 통해 그가 의도한 궁극적인 목표는 국민에게 자신감을 불어넣는 것이었다.

신적 지도자들은 언제나 존재했고, 세계사에서도 마찬가지다.

　루스벨트와 거의 같은 시기에 정권을 잡은 독일의 아돌프 히틀러 역시 정책적 리더라기보다는 정신적 리더의 본보기다. 당시 독일 역시 최악의 경제적·사회적·정치적 난국을 겪고 있었다. 더군다나 제1차 세계대전에서 패한 뒤 그 후유증으로 독일 국민은 자존심에 치명적인 손상을 입고 있었다. 히틀러의 등장배경은 체제의 와해에 따른 유형적 파괴보다는 국민의 자존심과 결부된 정신적 공황상태에 있었다. 물론 히틀러도 루스벨트와 마찬가지로 대규모 공공사업을 통해 산업을 부흥시키고자 했다. 그렇지만 그는 무엇보다도 독일 국민에게 위기를 극복할 수 있다는 확신과 희망을 주기 위해 진력을 다했다.

루스벨트가 그랬듯이 히틀러도 젊은이들에게 기대와 희망을 갖고 있었다. 사실 나치 정권 쟁취의 선봉은 젊은이들이었으며, 정권 장악 후에도 나치의 가치관과 국가관을 이념화하고 그것을 통해 국민에게 독일의 역사와 민족의 우수성을 고취시켰던 핵심 부류는 젊은이들이었다. 루스벨트와 히틀러는 젊은이들에 대한 희망과 지식인·문화예술인들을 통한 국가의 자부심 고취에 남다른 열정을 보였다. 루스벨트와 히틀러는 경제공황의 늪에서 허덕이는 국민에게 희망을 던져주었으며, 대부분의 국민에게서 열성적인 환영을 받았던 국가의 영웅이었다. 그들의 리더십 본질은 사실 다르지 않았다.

그렇다면 루스벨트와 히틀러의 품격에서 나타난 근본적인 차이는 무엇일까? 그것은 바로 과거와 전통을 보는 리더의 시각과 시선이다. 미국 대공황의 배경을 살펴볼 때, 무려 12년이나 집권하면서 자유방임주의를 맹신했던 공화당 정권의 실정을 무시할 수 없다. 그러나 루스벨트는 취임사를 연설하면서 어느 한 군데에서도 이전 정권의 실정을 비판하지 않았다. 더군다나 루스벨트는 "존경하는 후버Herbert C. Hoover 대통령"이라는 말과 함께 취임사를 시작했다. 대체로 신임 대통령은 취임사에서 "친애하는 국민 여러분"으로 시작하는 것이 통례였다. 하지만 대공황의 수렁을 극복하지 못하고, 그것을 더욱 깊게 만들었던 전직 대통령에게 경의를 표했다.

이에 반해, 히틀러는 과거 정권에게 독일의 비극적 현실에 대한 책임을 물었다. 1933년 1월 30일, 정권을 잡은 후 히틀러는 첫 대중 연설에서 독일의 문제는 바이마르 정권의 "부패와 타락" 때문이라며 이전 정권의 무능과 실정을 신랄하게 비난했다. 삭도削刀처럼 예리한 히틀러의 광기 어린 외침에 청중은 환호했다. 버거운 현실에 비척거리던 민중은 이미 판단력이 마비되었고, 히틀러의 광기는 대중의 함성과 함께 증폭하기 시작했다.

히틀러와 루스벨트가 취임사에서 보여준 이 작은 차이는 결국 놀라운 결과로 나타났다. 한 사람은 반대파를 숙청했고, 유대인과 집시 등 독일 민족의 순혈주의에 장애가 된다고 생각하는 인종을 말살하려 했으며, 세계 속에서 그들의 우월함을 증명하고자 전쟁이라는 극단적인 방법을 선택했다. 또 다른 사람은 국난을 극복하기 위해서 반대파의 도움을 청했고, 인종과 이념을 초월한 국민통합을 시도했으며, 주변 국가들과의 '선린외교'를 펼쳤다.

리더가 어떠한 시각과 시선으로 과거를 보느냐의 차이 하나가 그 나라와 세계사의 운명을 결정하는 거대한 갈림길이 되고 말았다. 과거를 현재의 문제에 대한 책임 전가의 도구로 이용하느냐, 아니면 희망의 그루터기로 보느냐의 시각 차이가 가져온 결과는 엄청났다. 마찬가지로, 과거를 차갑고 어두운 시선으로 보느냐 아니면 따뜻하고 밝은 시선으로 보느냐의 차이 또한 인류사에 잊지 못할 역사적 유산을 남겨놓았다.

자부심은 분명 과거를 통해 생성된다. 히틀러는 과거의 아픔과 상처를 이용해서 자부심을 세우고 그것을 이용해서 한을 풀려고 했다. 절제

되지 않는 민족과 우수한 인종이라는 비뚤어진 자부심으로 위기를 극복하려고 했다. 국민은 단순하다. 경제적인 위기로 먹고살기가 힘들거나 외부적인 억압 등으로 분노하며 자존심이 상해 있을 때, 이를 극복해줄 강력한 영웅이 등장하기를 목말라한다. 그 영웅이 자신과 이웃에게 씻을 수 없는 과오를 남길 수도 있다는 것을 생각할 여유가 없다. 대공황 시대의 미국인들이라고 해서 독일인들과 다를 바 없다. 만약 루스벨트가 히틀러와 같은 독재자였다면 미국인들이 독일인들과 다른 반응을 보였을 것이라고도 할 수 없다. 루스벨트가 대공황의 책임을 전가하기 위해 공화당 정권을 비판하며 마녀사냥식으로 이전 정권을 심판했다고 해도 미국인들은 환호했을 것이고, 그들의 분노를 그쪽으로 발산했을 것이다.

과거사의 어두운 부분보다는 밝은 부분, 긍정적인 부분을 부각시키면서 끊임없이 되새기는 것은 미국 대통령들의 중요한 품격 가운데 하나다. 이것이 짧은 역사적 경험 속에서 강하고 굵은 미국 전통과 가치관을 다지게 만든 힘이다.

2009년, 버락 오바마 대통령의 취임식 연설 키워드를 한 단어로 요약한다면 그 것은 바로 '자부심'이다. 미국인들은 지금까지 선조들이 내세운 이상을 잘 지켜 왔고, '건국의 아버지들'이 만든 헌법에 충실했다고 자부하고 있다. 오바마는 '건국의 아버지들'이 이룩한 "위대한 자유의 선물"을 계속 지켜나가 미래의 후 손들에게도 안전하게 전달하자고 호소하며 취임 연설을 마쳤다. 2016년 12월 오바마는 두 번의 임기를 마치면서 국민들에게 심금을 울리는 고별사를 남겼 다. 그 고별사는 취임사의 거울이었다. 그는 "대통령으로서 8년을 보낸 뒤에도 아직도 그것을 믿는다"고 자부했다. 그것은 바로 "건국의 아버지들이 (미국에 게) 준 위대한 선물"로서 "모두가 평등하게 창조되었고, 창조주에 의해 삶과 자 유, 행복 추구 사이에서 어떤 양도할 수 없는 권리를 부여받았다는 확신"이라는 것이다. 그의 취임사와 고별사에서 루스벨트와 링컨의 자부심을 볼 수 있다. 이 두 대통령의 연설에서는 워싱턴, 애덤스, 제퍼슨의 자부심을 볼 수 있었듯이 말 이다.

이 장을 정리하면서 더 추가하고 싶은 대통령들이 많았다. 국가의 자존심을 지키기 위해 1812년 영국과 전쟁을 감행했고, 전쟁을 승리로 이끌었던 제임스 매디슨, 보통 사람들의 영웅이었던 앤드루 잭슨, 제1차 세계대전을 마무리했던 우드로 윌슨, 뉴 프런티어를 주장한 존 케네디 John F. Kennedy, 그밖에도 더 많은 대통령들이 생각났지만, 고심 끝에 워싱턴, 애덤스, 제퍼슨, 링컨, 루스벨트 다 섯 명을 선택했다.

먼저 워싱턴, 애덤스, 제퍼슨은 모두 미국 초기의 대통령들이기 때문에 선택 했다. "시작이 반"이라는 말도 있듯, 아직 체제가 갖추어지지 않은 미완의 신생 독립국의 터를 다지기 위해 그들이 내세운 자부심은 훗날 미국 지도자들과 국 민에게 모범이 되었다. 링컨과 루스벨트는 단순히 역대 최고의 대통령 반열에 들었다는 명성 때문에 선택한 것은 아니다. 링컨은 남북전쟁이라는 연방 최대 의 위기에 처했고, 루스벨트는 대공황이라는 미국 자본주의의 최대 위기에 처 했다. 이때 두 사람은 미국 체제와 가치관에 대한 자부심으로 위기에 맞섰던 리 더였다. 위기는 곧 기회라고도 한다. 두 대통령의 품격을 되새겨볼 가치가 있다 면, 그것은 국가 최대의 위기에서 단순히 이를 극복하려고 노력했을 뿐 아니라, 그 기회를 통해 미국의 체제와 가치에 대한 자부심을 고양하는 데 주력했다는 점일 것이다.

제 2 장

전통을 되새김하는
대통령

2009년, 버락 오바마 대통령의 취임식 주제인 '자유의 새로운 탄생'은 링컨의 게티즈버그 연설에서 빌려온 개념이었다. 오바마뿐 아니라 수많은 미국 대통령이 링컨을 추앙했고, 게티즈버그 연설을 인용했다. 이렇듯 정권이 바뀌어도 미국의 우상과 영웅은 계속 되살려졌다.

되새김의 전통은 미국 초기 역사부터 구축되었다. 갓 독립한 미국의 체제는 여러 부분에서 미완이었으며 불안정했다. 미국은 세계사에서 전례 없는 새로운 정치제도를 실험대에 올렸다. 대통령이란 칭호부터 생소했고, 그 역할도 애매했다. 행정부, 입법부, 사법부의 삼권분립도 이상과 현실에서 차이가 있었다. 서로 다른 다양한 이해관계로 복잡하게 얽혀 있던 식민지들이 하나의 연방으로 탄생하는 것부터가 불안한 출발이었다. 미국이 유럽 강국들과 어떠한 외교정책을 펼 것인가도 어려운 문제였다. 미국이 이러한 어려움을 극복하고 성공적으로 제도와 전통을 다질 수 있었던 것은 초기 미국 지도자들이 선보였던 되새김의 품격 때문이었나.

이 장에서는 미국 대통령의 품격 중에서도 가장 독특하면서 지금의 미국으로 성공할 수 있게 만들었던 '되새김의 품격'을 다룬다. 먼저 초기 대통령인 워싱턴과 제퍼슨, 그리고 '건국의 아버지들' 1세대 마지막 대통령이었던 제임스 먼로 James Monroe 대통령을 통해서 이들이 어떻게 되새김의 품격을 구축했는지 살펴본다. 그다음에는 링컨을 주목했는데, 게티즈버그 연설은 왜 그가 되새김의 품격의 표본인지를 잘 보여준다. 마지막으로 20세기 대통령 중에서는 윌슨에게 초점을 맞춘다. 제1차 세계대전에 참전하면서 세계 속의 미국으로 발돋움하는 순간에 윌슨이 내세운 되새김의 품격은 20세기 내내 후대 대통령들에게 지대한 영향을 주었기 때문이다.

조지 워싱턴

George Washington

대통령은
듣는 자다

리드하지 않는 리더의 위대함[1]

18세기 말과 19세기 초는 '혁명의 시대'였다. 혁명은 혼란을 낳고, 혼란은 잠복된 국내외 문제를 단번에 쏟아내면서 더 큰 혼란을 초래하곤 한다. 시기적으로 보면 미국혁명은 프랑스혁명보다 20여 년 빨리 시작했다. 이전의 역사적 경험이 없었기 때문에 미국의 혁명은 더 큰 불행을 초래할 확률이 훨씬 높았다.

하지만 결과적으로 볼 때 미국혁명은 순탄했고, 프랑스혁명은 그렇지 못했다. 미국은 절대왕권의 틀을 깨고 공화정이라는 새로운 실험에 들어갔고, 그것을 성공적으로 구축했다. 반면에 프랑스에는 혁명이 혁명을 낳았고, 그 과정에서 피바람이 불었다. 변화와 불안정의 시기에 불어닥친 '공포정치'는 혁명의 완성이라는 명목으로 수많은 사람의 목을 기요틴의 서슬 퍼런 칼날에 내던졌다. 그러고는 나폴레옹 황제를 낳았다. 절대왕권 타파가 결국 또 다른 절대왕권을 낳은 것이다.

미국과 프랑스는 같은 시기에 같은 이념을 배경으로 혁명을 시도했지만, 왜 그토록 상반된 결과가 나타났을까? 혁명에 임하는 미국인들의 지적 성숙도가 프랑스인들보다 결코 높았다고도 볼 수 없다. 더군다나 당시 미국은 하나의 민족이라는 공감대에 근거한 국가공동체가 아니었다. 여러 종교와 민족이 섞인 다양한 공동체의 연합이었다. 그러나 한 가지 중요한 차이가 있는데, 미국에는 워싱턴이 있었다. 지적 능력에서 볼 때 워싱턴은 초라한 사람이었다. 미국의 독립에 결정적인 이념적 토대를 제공한 토머스 페인Thomas Paine이나 〈독립선언문〉을 작성한 토머스 제퍼슨 등 당대의 장장한 '건국의 아버지들'에 비하면 워싱턴은 독립전쟁을 성공적으로 수행했던 군사적 영웅이었지, 미국의 독립과 혁명을 주도하는 이념적 엘리트는 아니었다.

혁명의 시대는 구호와 수사의 시기다. 미국 독립이나 프랑스혁명은 오래전부터 서구사회에 스며들었던 계몽주의의 영향을 받았다. 패트릭 헨리가 외쳤던 "자유가 아니면 죽음을 달라"는 구호나 "삶, 자유, 행복의 추구"를 외친 제퍼슨의 〈독립선언문〉에는 볼테르와 로크의 메아리가 들린다. 하지만 그 어디에도 워싱턴의 메아리는 없다. 그럼에도 워싱턴이 미국에서 가장 존경받는 대통령으로 추앙받는 이유는 아이러니하게도 그가 어떤 구호와 수사를 사용하며 영웅적 기치를 높이 세워서가 아니라, 반대로 너무 잠잠한 지도자였기 때문이다. 그는 자신보다 훨씬 지적 수준이 높았던 동료 혁명가들의 원칙을 그대로 수용하며 조용히, 그리고 담담하게 초기 미국의 형태를 완성했던 것이다.

초대 대통령인 워싱턴의 가장 큰 업적은 대외관계에서 중립원칙을 세웠던 것으로 평가한다. 정확히 말하면, 워싱턴이 중립원칙을 세운 것이 아니라 이미 세워진 원칙을 워싱턴이 담담하게 지켜나간 것이다. 워싱턴은 토머스 페인의 외침을 경청했다. 그리고 미국 독립의 이상을 지키기 위해서는 유럽과의 얽힘을 피하는 중립을 지켜야 한다는 것을 깨달았다. 독립전쟁 중에는 애덤스의 외교원칙을 존중했다. 그리고 정치적·군사적 조약이 아닌 통상의 자유에 근거한 중립주의 외교의 중요함을 깨달았다. 워싱턴은 초대 대통령으로서 뭔가 새로운 것을 만들어 자신의 역사적 가치와 위대함을 세우려고 발버둥치기보다는 이미 세워진 원칙을 되새김할 뿐이었다.

변화와 혼돈의 시기에 자기주장이 너무 강한 지도자는 다른 사람들의 의견을 묵살한다. 잘못하면 숙청으로 역사 '바로잡기'가 진행되고, 역사는 피명으로 얼룩진다. 워싱턴이 영웅인 것은 그의 영웅적인 행동 때문이 아니다. 더 위대한 동지들의 의견을 겸손하게 받아들여 잠잠하게 그것을 되새김했기 때문이다.

세력 다툼에서 멀어져야 참다운 이익을 얻는다

1774년 9월, 제1차 대륙회의Continental Congress가 필라델피아에서 열렸다. 56명의 식민지 대표들이 얼굴을 맞대고 영국의 억압적인 식민지 정책에 대한 대응책을 모색했다. 벤저민 프랭클린, 존 애덤스, 패트릭 헨리, 새뮤얼 애덤스Samuel Adams 등 쟁쟁한 인사들이 참석했다. 그중에 한 사람이 당시 버지니아 식민지의 민병대 대령이었던 워싱턴이었다.

워싱턴은 버지니아 식민지를 대표해서 대륙회의에 참석했지만 다른 식민지에서도 인지도가 높았다. 대농장과 수만 평의 토지를 소유한 버지니아의 대부호인 워싱턴은 버지니아 식민지를 대표하는 인물이었다. 워싱턴이 전 식민지에 명성을 떨친 계기는 1756~63년까지 계속되었던 '프랑스와 인디언과의 전쟁the French and Indian War'이었다. 워싱턴 대령은 이 전쟁에서 식민지 군대의 총사령관이었다. 그는 성공적으로 프랑스와 인디언 연합군을 물리쳐서 영국뿐 아니라 다른 식민지에도 널리 알려졌다.

제1차 대륙회의에 참가한 식민지 대표자들 중에 적극적으로 독립을 주장하는 인사들이 있었지만, 그들은 소수였다. 워싱턴 역시 그 당시 독립을 주장하지 않았다. 다른 대다수의 대표자들처럼 영국의 식민지 정책에 항의하며 그에 따른 모국의 변화를 기대할 뿐이었다.

영국이 북아메리카 식민지의 요구를 들어주지 않자, 대표자들은 다음 해 5월에 다시 모였다. 한 달 전에 렉싱턴과 콩코드에서 발생한 영국군과 식민지 민병대의 무력 충돌로 말미암아, 독립전쟁은 이미 시작되었다. 여전히 온건파는 영국과의 화해를 모색하고자 했지만, 과격파의 입장이 대세가 되었다. 특히 6월 17일 벙커힐 전투the Battle of Bunker Hill로 독

필라델피아에서 열린 제1차 대륙회의 버지니아 식민지를 대표해서 참석한 워싱턴을 포함한 56명의 식민지 대표들은 얼굴을 맞대고 영국의 억압적인 식민지 정책에 대한 대응책을 모색했다.

립전쟁의 주사위는 던져졌다. 대륙회의는 대륙군대를 창설하고 워싱턴을 총사령관에 임명했다. 그리고 7월 4일, 토머스 제퍼슨이 기초한 〈독립선언문〉이 공식적으로 선포되었다.

이 과정에서 워싱턴은 과격파의 한 사람도 아니었고, 독립의 타당성을 이념적으로 주장하지도 않았다. 다만 대륙회의의 결정에 묵묵히 따랐고, 맡겨진 임무를 성실하게 수행할 뿐이었다. 그는 독립으로 가는 길과 독립전쟁 내내 이념적으로는 조용한 독립파였다. 워싱턴은 다른 식민지 대표자들에 비해 지적 덕망이 높은 사람은 아니었다. 미국의 독립은 유럽에서 불고 있던 계몽주의에 지대한 영향을 받았다. 독립으로 가는 길목에서 각 식민지를 대표하는 대부분의 인사들은 대체로 계몽주의 엘리트들이었다. 이들과 비교하면 워싱턴은 특출한 사상가가 아니었다. 독립의 타당성을 놓고 벌인 독립파 간의 사상적 논쟁에서 워싱턴은 항상 조용하게 듣는 쪽이었지, 그것을 주도하는 사람이 아니었다.

워싱턴이 조용한 독립파였다고 해서 그가 독립에 대한 이념적 당위성에 수동적으로 관망했다는 이야기는 아니다. 워싱턴은 다른 대다수의 독립파들처럼 독립의 당위성에 충분히 공감하고 있었다. 특히 1776년 초에 발표되어서 미국 독립으로 가는 결정적인 사상적 토대를 제공했던 토머스 페인의 《상식Common Sense》은 워싱턴에게도 중대한 영향을 미쳤다.

페인은 《상식》에서 미국과 영국의 결별은 되돌릴 수 없는 역사적 필연으로 강조했다. 페인은 미국이 영국이나 다른 유럽 국가에서 건너온 단순한 이민자들의 집합체가 아니라, 정치적·종교적 자유를 추구하는 사람들의 피난처였음을 지적하며, 미국은 이제 절대왕정과 종교적 불관용으로 점철된 유럽 구세계의 사슬에서 벗어나 독립국가를 형성해야 한다고 주장했다. 이것은 미국의 이익뿐 아니라 인류의 자유와 평등을 구현하는 세계사적 의무라고 강조했다.

《상식》은 페인이 영국에서 이민 온 지 고작 1년여 만에 발표한 책이었다. 외부인의 시선으로 보는 미국 독립의 당위성은 독립으로 가느냐 마느냐를 놓고 우왕좌왕하던 미국 지도자들에게 결정적인 영향을 주었다. 또한 페인이 《상식》에 포함한 내용 중에는 독립전쟁에서 미국이 추구해야 할 대외관계의 원칙을 제시한 부분도 있어서, 전쟁을 지휘할 뿐 아니라 외교를 총괄해야 하는 총사령관 워싱턴에게 중요한 원칙을 제공한 셈이다. 페인은 미국의 독립을 구세세의 구습과 악습에서 벗어나 새롭고 순수한 독립 공동체를 구성하는 시대의 요구라고 보았다. 그래서 미국은 유럽의 어느 국가를 막론하고 특정 국가와 가까워서는 안 된다고 주장했다. 이는 향후 미국 외교의 원칙과 방향을 세우는 데 중요한 사상적 원칙이 되었다. 그 핵심 부분을 인용하면 다음과 같다.

> 영국에 종속되거나 의지하는 것은 미국이 유럽의 전쟁이나 다툼에 직접 개입하게 만든다. 우리는 관련 국가들과 우정을 나눌 수 있고 그들에 대한 특별한 분노나 불평이 없다 해도, 이러한 개입으로 말미암아 그들과 사이가 나쁘게 될 수밖에 없다. 유럽이 우리 무역시장이기에 우리는 유럽의 그 어느 나라와도 어떠한 관계를 맺어서는 안 된다. 유럽 국가들의 세력 다툼에서 떨어져 있는 것이 미국의 참다운 이익이다.[2]

페인의 《상식》은 미국 독립의 필연성을 주장하는 데 결정적인 영향을 주었을 뿐만 아니라 이후 미국 외교에서 중요한 원칙으로 작용했다. 특히 1778년 2월, 미국이 프랑스와 맺은 조약에서 이러한 원칙이 그대로 드러났다. 미국이 독립전쟁 중에 프랑스와 체결한 조약을 '모범조약 Model Treaty'이라고 부른다. 이 조약이 훗날 미국 외교의 전형이 되었기 때문이다. '모범조약'을 작성한 애덤스는 1776년 3월부터 프랑스와의 조약을 염두에 두고 조약의 원칙을 정했는데, 그 원칙의 핵심을 정치적 관계나 군사적 관계보다는 상업적 관계에 두었다. 유럽 국가들의 정치적 문제에 개입할 경우, 자칫 미국 또한 복잡한 국제 관계에 휘말릴 수 있다고 판단한 애덤스는 프랑스와 상업적 관계에만 초점을 맞춘 것이다. 애덤스는 또한 미국이 정치적으로 유럽과 거리를 두면서 상업적으로 중립을 지키는 게 미국의 국익뿐 아니라 유럽의 세력균형이나 평화에 공헌할 것이라고 믿었다. 이 같은 믿음은 《상식》에 나타난 페인의 생각과 일치하는 것으로서, 미국 초기 외교에서 주요 원칙이 되었다.

워싱턴은 미국 독립전쟁을 진두지휘했지만 외교적인 원칙을 정하는 데는 특별한 역할을 하지 않았다. 워싱턴은 군사적인 문제를 총괄했지 독립의 이념을 만들거나 독립전쟁 중 또는 독립전쟁 후 국가의 외교원칙을 세우지도 않았다. 워싱턴은 애덤스의 '모범조약'이 페인이 주장한 중립주의 원칙과 일맥상통하며, 그것이 미국의 독립을 위한 타당한 원칙이라고 판단했기 때문에 중립주의를 외교원칙으로 수용했다.

원칙이 세워졌다면 그대로 고수하라

대통령에 취임한 이후에도 워싱턴은 페인과 애덤스가 세웠던 중립외교의 원칙을 그대로 밀고 나갔다. 그는 신생 독립국의 절대적인 지도자였으며, 대통령이라는 새로운 공화국 체제의 호칭을 빌린 황제나 다름없었다. 미국은 헌법에 기초한 공화국이었지만 헌법은 지극히 애매했고 일반적이었다. 워싱턴과 같은 영웅적인 지도자가 어떻게 헌법을 해석하느

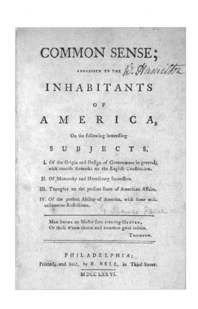

토머스 페인의 《상식》 초판본 그는 미국 독립이 구세계의 구습과 악습에서 벗어나 새롭고 순수한 독립 공동체를 구성하라는 시대의 요구라고 보았다.

나에 따라 헌법의 실체와 운명이 바뀔 수 있었다. 하지만 워싱턴은 독립국가의 새로운 원칙이나 이념을 창출하지 않았다. 최초의 대통령은 그저 담담하게 이미 세워진 것을 되새김하고 그것을 지키는 데 최선을 다했다. 초대 대통령으로서 가장 중요했고, 가장 어려웠던 대외관계에서도 이미 세워진 페인과 애덤스의 중립원칙을 그대로 고수했던 것이다.

　신생 독립국 미국이 유럽 강국들의 유혹과 견제 속에서 중립을 지키는 것은 결코 쉬운 일이 아니었다. 특히 미국 역사가 시작된 지 채 반 년

이 지나기도 전에 프랑스혁명이 터지면서 미국은 내부적으로 혼란을 겪었다. 프랑스혁명을 보는 미국인들의 시각이 서로 달랐기 때문이다. 북부는 프랑스혁명을 부정적인 시각으로 보는 친영국계의 입장이었고, 남부는 혁명을 적극적으로 지지하는 친프랑스계의 입장이었다. 워싱턴의 측근들도 각각 두 입장으로 나뉘었다. 재무장관이며 워싱턴의 오른팔이었던 해밀턴은 친영국계였지만, 국무장관 제퍼슨은 친프랑스계였다.

프랑스혁명이 유럽 전쟁으로 치달으면서 미국의 입장은 더더욱 곤란해졌다. 영국과 프랑스는 대륙뿐 아니라 해상에서도 치열한 대결을 벌였다. 해외무역은 갓 독립한 미국의 생존과 직결되었기 때문에 양국의 해상 대결은 미국에 적지 않은 고통을 안겨주었다. 해상권의 실질적인 힘의 균형을 놓고 볼 때, 그리고 미국 북동부를 중심으로 한 통상을 생각할 때, 영국과의 관계 개선이 미국에게 유리했다. 하지만 프랑스는 미국 독립을 지지하고 지원했던 우방국이었다. 게다가 미국의 독립정신과 유사하며 그것에 영향을 받고 일어난 프랑스혁명에 대해 미국이 등을 돌리기란 쉽지 않은 일이었다. "유럽의 그 어느 나라와도 어떠한 관계를 맺어서는 안 되며 유럽 국가들의 세력다툼에서 떨어져 있는 것이 미국의 참다운 이익"이라는 페인의 원칙을 지키기가 현실적으로 어려운 형편이었다. 복잡하게 전개되는 유럽의 상황 속에서 워싱턴의 가장 큰 고민은 프랑스와 영국 사이에서 어느 쪽을 선택하느냐에 있었다.

워싱턴은 결국 누구도 선택하지 않았다. 다만 이미 세워진 원칙을 그대로 고수했을 뿐이었다. 1793년 4월 22일, 워싱턴은 미국의 중립을 선포했다. 워싱턴의 '중립 선언'은 유럽 국가들을 향한 선언이기도 했지만,

서로 다른 이해관계로 얽혀 있는 미국의 정치적 갈등을 염두에 둔 것이었다. 특히 남과 북의 지역적 성향과 그것에 밀접하게 맞닿아 있던 해밀턴과 제퍼슨의 정치적 다툼을 염두에 두었다.

워싱턴은 임기 내내 이러한 중립원칙을 지키는 데 총력을 기울였다. 그리고 그러한 원칙이 초기 미국의 원칙으로 확립되어야 한다고 믿었다. 워싱턴이 남긴 '고별사Farewell Address'의 핵심은 이러한 원칙을 재차확인하는 것이었다. 워싱턴은 고별사에서 미국이 취해야 할 "행동의 대원칙"은 유럽과 "상업적인 교역은 확대하되 정치적인 관계는 가능한 한 맺지 말자는 것"임을 천명했다. 유럽 국가들은 미국과 관련 없는 이해관계에 서로 얽혀 있기 때문에, "유럽 정치의 일상적 변천이나 그들 간의 호의나 적의로 인한 일상적인 동맹과 분열 와중에" 미국을 "인위적인 유대로 묶어 연루시키는 것은 현명하지 못한 일임에 틀림"없다고 단언했다. 워싱턴은 고별사에서 국민에게 다음과 같이 부탁했다.

외국의 입장에 따라 우리의 토대를 무너뜨릴 이유가 어디 있겠습니까? 우리의 운명을 유럽 일부 지역의 운명과 얽히게 함으로써 우리의 평화와 번영을 유럽의 야심, 경쟁, 이해관계, 일시적 기분, 변덕 속에 내던질 이유가 어디 있겠습니까? 우리는 이제 우리가 그렇게 할 자유가 있더라도 그 어떠한 외국과의 영속적인 동맹을 체결하지 않는 것을 진정한 정책으로 삼아야 합니다.[3]

토머스 제퍼슨
Thomas Jefferson

자유는 견제와
균형에서 나온다

미국만이 세계 유일의 희망이다

1800년 선거에서 토머스 제퍼슨이 제3대 대통령에 당선되었다. 제퍼슨이 지적했듯이 1800년 선거는 '1800년 혁명'이었다. 워싱턴과 애덤스로 이어지는 연방파 12년 통치를 마감하고 공화파가 정권을 획득했기 때문이다. 피 한 방울 흘리지 않고 이룩한 평화로운 정권교체였지만, 독립 후에 끊임없이 논란의 대상이 되었던 미국의 정체성과 그것을 추구하는 정치적·이념적 가치와 방법에 대한 새로운 방향을 제시하는 혁명적 변화였다.

미국의 역사는 건국 초기부터 이른바 '해밀턴주의'와 '제퍼슨주의'의 대결이었다. 해밀턴주의는 연방파의 사상적 대부라고 할 수 있는 알렉산더 해밀턴의 생각을 대변하고, 제퍼슨주의는 공화파의 사상적 대부라고 할 수 있는 토머스 제퍼슨의 생각을 대변했다. 해밀턴과 제퍼슨은 미국 공화정의 정체성과 그것을 지탱하는 이념이나 방법론에서 서로 극명하게 대립했다. 그리고 각각의 정치적 여정은 미국 건국 초기의 정쟁을 대변했다.

해밀턴은 미국 '건국의 아버지들' 중에서 가장 미천한 집안 출신이었다. 그는 영국령 서인도제도의 한 섬에서 이름 없는 상인의 아들로 태어나 반 고아처럼 성장했다. 그의 명석함을 아까워하던 지인들의 도움으로 뉴욕으로 건너와 현 컬럼비아대학의 전신인 킹스 대학에서 법학을 공부하다가 독립전쟁에 뛰어들었다. 그는 탁월한 문장력으로 워싱턴 장군을 사로잡았고, 이후 워싱턴의 오른팔 역할을 했다. 그는 독립전쟁뿐 아니라 전쟁 이후 미합중국을 세우는 데 지대한 역할을 했다. 특히 각 주들이 전쟁 후 자치적이고 개별적인 지역주의로 되돌아가는 정치적 분위기에 역류해서 미연방을 세우는 움직임을 주도했다. 헌법제정 과정에도 깊게 관여했으며, 헌법 비준을 통과시키는 데 결정적인 역할을 했다. 그 과정에서 그가 남긴 〈연방주의자 논고*Federalist Papers*〉는 미합중국의 성격과 원칙을 이해하는 핵심적인 사상을 담고 있다. 해밀턴은 초대 재무장관에 선임되어서 초기 연방정부의 재정을 총괄했을 뿐 아니라 외교문제까지 깊이 개입하며 워싱턴의 실질적인 대변인 역할을 했다. 그는 연방파의 '큰 손'으로서 제2대 대통령 존 애덤스 시절에도 정치적 입김을 계속 불어넣었다. 해밀턴 없는 미국의 건국 이야기는 있을 수 없다.

한편 제퍼슨은 부유한 버지니아 농장주의 아들로 태어나 최고의 교육을 받았고, 명성과 부를 누리며 성장했다. 게다가 탁월한 지적 통찰력과 문장력을 겸비했던 그는 버지니아 식민지의 대표적인 인사였다. 제퍼슨은 비교적 젊은 나이인 33세에 쟁쟁한 인사들을 제치고 미국 독립의 이상과 가치, 향후 미국의 정체성과 운명에 대한 이념적 토대를 함축적으로 담은 〈독립선언문〉을 작성했다. 그리고 독립전쟁 중 초대 프랑스 공사를 역임하면서 미국 독립의 당위성과 이상을 유럽 전역에 설파하는 데 지대한 공헌을 했으며, 프랑스뿐 아니라 유럽 전역에서 미국을 대표하는 유명인사가 되었다. 해외임무를 수행하느라 헌법제정에 직접적으로 관여하지는 않았지만, 그의 정치사상은 동료들에 의해서 헌법에 반영되었으며, 제퍼슨 역시 헌법을 제정한 동료들을 신적인 존재로 치켜세웠다. 제퍼슨은 초대 국무장관으로서 미국 외교를 총괄했다. 하지만 해밀턴과의 의견 대립과 서서히 드러나는 남북지역 대결로 말미암아 국무장관을 사임하고 남부 공화파의 정치적 입장을 대변하는 역할을 했으며, 결국 1800년 선거에서 남부 주들의 몰표 덕분에 근소한 차이로 대통령에 당선된 것이다.

서로 다른 출생 및 성장 환경이 그렇듯이 두 사람이 추구하는 미국 공화정의 이상은 극명하게 대립되었다. 앞 장에서 살펴보았듯이 해밀턴은 힘에 근거한 '강성국가' 건립을 연방의 최우선 과제로 내세웠고, 제퍼슨은 자유에 근거한 자유민주주의 정착을 내세웠다. 연방파는 사실상 해밀턴의 이념을 추구했기에 자신들의 12년 집권 동안 미국은 해밀턴의 나라였다고 할 수 있다. 이제 정권을 잡은 제퍼슨은 해밀턴이 구상한 대로 기울어져 있는 연방을 그가 구상하는 연방으로 바로잡아야 했다. 예상대로 제퍼슨은 연방의 성격을 재정립하는 데 노력했다. 이는 그가 취한 국내정책에서 잘 드러난다. 제퍼슨은 취임 후 곧바로 연방정부 관료의 숫자를 줄임으로써 상징적이고 실질적으로 작은 정부를 지향했다. 이어서 육군과 해군 등 정규 상비군의 규모를 절반 정도로 축소했다. 외국의 침략에 대비해서는 민병대를 활용해서 부족한 군사력을 대신하게 했다. 연방정부의 과도한 지출도 없어졌다. 제퍼슨의 임기 이후 처음으로 2년 만에 국가 부채는 8,000만 달러에서 5,700만 달러로 줄어들었다.

하지만 당시 연방의 최대 쟁점이었던 외교에서 제퍼슨은 워싱턴과 애덤스가 구축한 중립주의를 견지했다. 프랑스혁명에 따른 복잡한 유럽의 정세, 그리고 프랑스와 영국의 전쟁은 미국의 존립 자체를 흔드는 중대한 문제였다. 이는 또한 미국의 국내 정치에도 크게 영향을 주었다. 주로 북부 연방파들은 친영국을 지향하고 반대로 남부 공화파들은 친프랑스를 지향하면서 프랑스혁명은 국내 정치적 분쟁의 가장 큰 변수로 등장했다.

남부 공화파들은 제퍼슨이 연방파 집권 12년간의 외교정책을 청산하길 원했다. 그래서 영국에 우호적인 외교를 탈피해서 프랑스와 우호적인 외교정책을 펼 것으로 기대했다. 사실 제퍼슨은 대통령이 되기 전까지 노골적으로 친프랑스 성향을 드러냈고, 영국을 극도로 싫어했다. 영국-프랑스 전쟁에서 영국이 패배하기를 원했던 제퍼슨은 프랑스 장군들과 함께 런던에서 차를 마시는 것이 소원이라고까지 했다.[4] 하지만 대통령이 된 제퍼슨은 취임사에서 미국만이 "세계에서 유일한 희망"이라고 역설하며, 이러한 희망을 지키기 위해서 워싱턴의 중립정책을 고수할 것임을 천명했다. 그는 미국이 "유럽에 말려들어 가는 동맹"을 맺어서는 안 되며 "정치적인 관계를 최소화하면서 (미국의) 상업적 관계를 확장시키는 것"에 치중해야 한다고 역설했다. 그는 이것이야말로 미국을 위한 "가장 위대한 (외교) 법칙"이라고 했다. 이것은 단어 몇 개만 바꿨을 뿐, 워싱턴의 '고별사'를 되새김한 것이었다. 제퍼슨은 가장 중요한 문제에서 과거 정권의 정책을 그대로 되새김했다. 이로써 정권은 바뀌었지만 외교의 기본정책은 변함없이 계속되었다.

평화적인 대결로 연방의 균형을 이루다

제퍼슨이 중립원칙을 고수하기는 쉽지 않았다. 제퍼슨의 대통령 임기는 나폴레옹의 유럽 전쟁과 맞물려 있었기에 미국이 영국과 프랑스의 치열한 전쟁 속에서 중립을 지키기란 쉽지 않은 일이었다. 프랑스는 대륙에서 승승장구하면서 프랑스령 서인도제도와 미국에서 전쟁에 관련된 물자를 확보하려고 노력했다. 반면 영국은 막강한 해군력을 바탕으로 미국과 프랑스와의 교역을 차단하는 데 총력을 기울였다.

　이 과정에서 미국의 피해는 커져만 갔다. 영국 해군은 미국 상선의 지중해 통상을 차단할 뿐 아니라 해상에서 영국의 해군 탈주병을 색출한다는 명분으로 미국 선박에 대한 검시, 검문을 강화하는 등 미국의 중립국 지위를 유린했다. 1807년 6월에 영국 해군은 버지니아 해상에서 영국 탈주병을 수색한다는 명분으로 미국 해군과 실랑이를 벌이던 중 미국 전함에 발포했다. 이 사건으로 미군 3명이 사망하고 18명이 부상당했다. 미국의 자존심은 땅에 떨어졌고, 국민은 분노했으며, 곳곳에서 영국과의 전쟁을 외치는 목소리가 높아졌다. 친영국계 성향이 강했던 북동부 주들까지 전쟁을 요구하고 나설 정도였다.

하지만 제퍼슨은 계속해서 중립원칙을 천명했으며, 평화를 선택했다. 그는 전쟁 중인 국가들과의 통상을 금지하면 전쟁이라는 최악의 결과를 피할 것으로 믿고, '출항금지법Embargo Act'을 통과시켰다. 출항금지법은 미국 선박이 미국을 떠나 어느 외국 항에도 가지 못하도록 출항 자체를 금지하는 법이었다. 제퍼슨은 그 법의 실효성을 떠나 초대 대통령부터 계속해서 지켜왔던 중립주의 원칙을 준수하는 것이 중요하다고 보았다. 그가 취임사에서 천명했듯이 유럽 국가들의 얽히고설킨 정치적·군사적 환경으로부터 중립을 지키는 것이 "세계에서 유일한 희망"인 미국 공화주의를 완성시키는 길이며, 그가 가장 중요하게 여겼던 '자유'에 근거한 공화주의를 지키는 유일한 길이라고 믿었던 것이다.

출항금지법으로 동북부 상인들은 타격을 입을 수밖에 없었다. 그래서 이들은 법원에 출항금지법이 개인의 통상행위 자유를 저해하는 중앙정부의 과도한 제재로서 위헌이라고 제소했다. 하지만 매사추세츠 연방법원에서 출항금지법은 국가의 위기 시에 중앙정부가 취할 수 있는 "필요하고 적절한necessary and proper" 조치로서 합헌석이라고 판결했다. 이는 아직도 해밀턴의 추종자들이 득세하고 있는 연방파의 중심지역에서 해밀턴주의에 입각해 제퍼슨의 정책을 받아들인 점에서 아이러니가 아닐

출항금지법을 그린 풍자만화 상품을 실어 나르려는 상인을 출항금지법을 상징하는 거북이가 물고 늘어지고 있다. 제퍼슨은 이 법의 실효성 여부보다 중립주의 원칙을 준수하는 것이 중요하다고 보았다.

수 없다.

사법부에서 연방파 판사들이 제퍼슨의 손을 든 점은 시사하는 바가 크다. 제퍼슨이 대통령에 취임하면서 연방파 중에서 가장 불안하게 생각한 집단이 사법부였다. 연방파는 애덤스 정권 때 'XYZ 사건'을 계기로 1798년 '외국인법과 선동방지법Alien and Sedition Acts'을 제정했다. 이는 영국-프랑스 전쟁의 소용돌이가 미국까지 몰아치는 것을 막기 위해 제정된 법으로, 외국인 불순분자들이나 이들에 동조하는 미국인들을 색출하려는 일종의 보안법이었다. 다분히 친프랑스계인 남부 공화파들을 겨냥한 이 법은 연방파 임기가 끝날 때까지 공화파의 원성을 낳았다. 공화파는 이 법을 위헌적이라며 대응했지만 연방파가 독점하고 있던 사법부는 연방파의 입장을 대변할 뿐이었다.

더군다나 제퍼슨의 취임을 단지 며칠 앞두고 연방파는 법원 조직법the Judiciary Act of 1801을 통과시켜 대법원 판사를 여섯 명에서 다섯 명으로 축소했다. 이로서 신임 공화파 대통령이 사법부를 장악하는 것을 불가능하게 만들었다. 게다가 애덤스는 그의 행정부에서 국무장관을 역임했으며, 강성 해밀턴주의자인 존 마셜John Marshall을 연방대법원장에 임명하기까지 했다. 이미 대통령 선거에서 패배했음에도, 신임 대통령의 취임 바로 직전에 행해진 이른바 '심야 인사'는 일종의 반란이나 다름없었다. 이러한 사실을 목도하고 있던 공화파는 이를 갈고 있었으며, 제퍼슨의 취임과 동시에 사법부에 대대적인 개혁을 요구하고 있었기 때문에 사법부는 긴장할 수밖에 없었다.

하지만 제퍼슨은 연방파에 대한 개인적 감정이나 이해관계로 정책을 펴지 않았다. 그가 마셜과 불편한 관계를 가질 수밖에 없었지만, 그 관계의 근본적 배경은 무엇이 가장 이상적인 연방을 만들어 가느냐에 대한 이념과 방법의 차이였지, 개인적 감정이나 이해관계의 표출은 아니었다. 사실 개인적으로 제퍼슨은 마셜을 깊이 존경했다. 마셜이 연방파를 대표했으며 해밀턴주의를 신봉했던 사람이었지만, 제퍼슨은 그가 지닌 헌법에 대한 이해와 사법권에 대한 해박한 지식, 무엇보다도 연방에 대한 애정을 존경했다. 만약 제퍼슨이 개인적인 동기에 근거해서 마셜과 대결을 폈다면, 그가 갖는 막강한 권력과 위상을 통해 사법부에 대한 반격을 가할 수 있었을 것이다. 그러나 그는 그러한 극단적인 대결을 피했고, 결과적으로는 삼권분립에 근거한 연방의 균형을 이루어갔다. 무엇보다도 그가 평생을 바쳐 주창한 자유에 근거한 연방이라는 정체성을 아이러니하게도 마셜과의 평화로운 대결을 통해 이룩한 것이다.

마셜 역시 그동안 소외되어온 사법부의 권한을 높이는 데 주력했지, 제퍼슨이나 기타 공화파 정권에 대한 개인적인 감정이나 이해관계를 위해서 그의 권한을 사용하지 않았다. 헌법에서 제시한 가장 큰 원칙인 '견제와 균형'의 상당 부분은 행정부와 입법부에 해당되었지, 사법부는 특별한 역할을 하지 못하고 있었다. 마셜 임기 동안 명실공히 입법, 사법, 행정의 삼권분립의 원칙이 자리를 잡게 된 것이다. 이것을 제퍼슨 임기에 이룩한 점도 의미심장하다.

뒤끝 없이 다름을 인정하다[5]

건국 초기 미국은 무척 불안정했다. 모국인 영국의 품을 박차고 나와 독립했지만, 정치·경제·사회 모든 영역에서 안정을 찾지 못했다. 하나의 독립국가로 거듭나기에는 기존의 열세 개 식민지의 이해관계가 복잡하게 얽혀있었다. 게다가 프랑스혁명에 따른 유럽 정세의 소용돌이는 신생 독립국이 대처하기에 녹록하지 않은 과제였다.

혁명의 시기, 변화의 시기, 불안정한 시기에서 가장 어려운 문제는 지배 엘리트 간의 갈등이다. 누가 정권을 잡았고, 누가 그 정권을 지지하

미국의 초대 재무장관 해밀턴 미국사 전체를 보면 해밀턴주의와 제퍼슨주의의 대결이 끊임없이 이어졌다. 미국의 양당 정치, 보수와 진보의 뿌리도 여기에서 출발한다.

며, 누가 그 정권에 비판적인가는 시대의 핵심을 꿰뚫는 눈이다.

해밀턴과 제퍼슨의 대결은 미국 건국 초기의 정치적 갈등의 핵심이었다. 해밀턴은 초대 재무장관을 역임했고, 제퍼슨은 국무장관을 역임했다. 두 사람은 신생 미국의 정체성과 그것을 지탱하는 이념이나 방법을 놓고 서로 극명하게 대립했다. 초기 미국은 두 사람의 이름을 딴 '해밀턴주의' 대 '제퍼슨주의'라는 이데올로기의 전투장이었다. 해밀턴은 강한 힘에 근거한 강성대국을 주창했다. 그는 강한 중앙정부, 강한 대통령 리더십을 바탕으로 빠른 시일 내에 정치적·경제적·군사적으로 안정되고 강한 나라를 세우는 것을 연방의 최우선 목적으로 삼았다. 반면에 제퍼슨은 자유를 지키고 키우는 것이 연방의 가장 중요한 목적이라고 여겼다. 그래서 중앙정부보다는 지방정부, 강한 군대보다는 최소한의 방위에 필요한 작은 군대, 상공업 진흥보다는 농업 진흥을 통해서 속도가 느리더라도 개인이나 주 정부의 자유를 훼손하지 않으면서 안정된 자유민주주의 국가를 세우는 것이 가장 중요하다고 믿었다.

해밀턴 대 제퍼슨의 대결에서 처음에는 해밀턴이 승리했다. 초대 대통령 워싱턴은 해밀턴주의를 받아들였다. 제퍼슨은 국무장관직에서 스스로 물러났다. 두 번째 대통령 애덤스도 해밀턴주의에 근거해서 정치력을 발휘했다. 제퍼슨과 남부 공화파의 불만은 높아갔다. 결국 1800년 선거에서 남부 공화파는 담합해서 제퍼슨에게 몰표를 주었다. 제퍼슨의 당선으로 북부 연방파 집권이 마감되고 남부 공화파 집권이 시작되었다.

남부 공화파는 철저한 연방파 척결을 외치며 이를 갈았고, 북부 연방파는 정치적 보복이 두려워 이를 떨었다. 하지만 제퍼슨은 연방파 관료들 상당수를 유임시켰고, 외교정책에서는 연방파의 중립주의를 그대로 받아들였다. 미국은 분명 해밀턴의 나라에서 제퍼슨의 나라로 급선회했지만, 정치적 보복은 없었다. 애덤스 대통령이 임기 말에 임명했던 대법원장 마셜은 철저한 해밀턴주의자로서 제퍼슨 임기 내내 행정부를 견제했기에 제퍼슨에게는 불편한 존재였다. 그런데도 제퍼슨은 개인적으로 마셜을 깊이 존경했다. 비록 마셜이 그와는 정치철학이 달랐지만, 미국 헌법의 기본 정신인 '견제와 균형'에 근거한 민주주의를 위해서 그와 같은 사람이 필요하다고 보았다.

'1800년 혁명'의 '뒤끝'은 없었다. 누구도 사상의 차이 때문에 기요틴의 형장으로 가지 않았다. 비슷한 시기에 프랑스혁명에서 혁명의 노선을 두고 벌어진 엘리트 간의 섬뜩한 피의 보복이 미국에서는 일어나지 않았다.

해밀턴주의 대 제퍼슨주의 대결은 제퍼슨 시대 이후에도 계속되었다. 미국사 전체를 크게 보면 이 두 이데올로기 간 대결의 연속이라고 할 수 있다. 미국의 양당 정치, 보수와 진보 대결의 뿌리도 여기에서 연유한다. 미국은 해밀턴과 제퍼슨의 정치적 견해가 달랐음에도 미국식 민주주의를 발명했다. 아니, 어쩌면 '다름에도'가 아니라 그 '다름 때문에' 미국식 민주주의를 발명한 것인지도 모른다.

제임스 먼로
James Monroe

국익은
원칙에서 나온다

미국은 더 이상 유럽의 식민지가 아니다

제퍼슨은 영국과의 전쟁을 피하면서 끈질기게 중립정책을 표방하며 임기를 마쳤다. 하지만 제퍼슨을 뒤이은 제임스 매디슨 대통령은 1812년 6월 18일, 영국에 선전포고를 하고 전쟁을 감행했다.

영국과의 전쟁 가능성은 건국 초부터 상존했다. 영국은 미국의 독립전쟁에서 패배했지만, 미국에 실질적인 독립을 보장하지 않았다. 신생독립국의 생존에 가장 필수적인 요건은 대서양 통상을 통한 경제적 자립이었으며, 미시시피 강을 비롯한 서부 프런티어 지역에서 인디언들과

제5대 대통령 제임스 먼로 그가 선언한 '먼로 독트린'은 '건국의 아버지들'이 줄기차게 이어 왔던 중립주의 원칙을 다시 확인하는 것이었다.

유럽 국가들의 견제를 물리치고 연방의 주권을 지키는 것이었다. 이 주권에 가장 큰 훼손을 끼쳤던 국가가 영국이었다. 특히 제퍼슨이 통치한 8년 동안 영국은 미국의 주권을 심대하게 침해했다. 나폴레옹과의 세기적 전쟁에 몰두하던 영국은 가장 부유한 중립국인 미국의 도움이 필요했다. 하지만 미국은 계속해서 중립원칙을 고수했기 때문에, 영국은 프랑스와 프랑스가 장악하고 있던 유럽 국가들에 공급되는 미국의 물자를 차단하기 위해서 해상에서 미국 선박을 제재했고 미국의 중립국 권한을 유린했다. 미국의 자존심은 심하게 상했고, 결국 매디슨 대통령은 전쟁을 선택했다.

영국과 약 4년 동안 치른 전쟁은 미국의 승리로 끝났다. 이 승리는 놀라운 것이었다. 일단 미국은 전혀 전쟁을 준비하지 않은 채 전쟁에 돌입했다. 공화파 제퍼슨주의자들은 전통적으로 반전, 반군대, 반세금을 주창했다. 전쟁은 미국이 어렵게 얻은 자유민주주의를 훼손할 것이라고 생각했기 때문이었다. 전쟁은 필연적으로 군대 확장을 가져오고, 군대 확장은 세금 인상으로 이어지기 때문에 결국 국민의 자유를 구속할 수밖에 없다고 우려한 것이다. 1811년 말, 전쟁이 불가피한 상황에 처했으나 연방파 의원들은 육군이나 해군의 전력강화를 거부했다. 전쟁이 발발한 당시 미국의 정규군은 고작 7,000명뿐이었다. 전쟁은 영국에게 절대적으로 유리했다. 1814년 8월 24일, 영국 군대는 워싱턴을 유린했고 도시는 화염에 휩싸였다. 특히 영국이 나폴레옹을 격파한 이후, 전력을 미국과의 전쟁에 집중했기 때문에 미국은 절체절명의 위기에 처했다. 하지만 미국의 저항도 만만치 않았다. 1815년 1월 8일, 뉴올리언스에서 벌어졌던 마지막 전투에서는 미국이 압승했다. 앤드루 잭슨 장군이 이끈 미군은 단지 8명의 전사자와 13명의 부상자만 나왔지만, 영국군은 무려 700명의 전사자와 1,400명의 부상자가 나오며 참패를 당했다. 믿을 수 없는 대승을 거둔 것이다. 이미 2주 전에 평화협정이 체결된 것을 모른 상태에서 벌어진 전투였지만 뉴올리언스 전투에서 승리하면서 미국인들의 애국심과 자부심은 하늘을 찔렀다.

미국은 승리의 값진 열매를 맛보았고 도취되었다. 그 열매로 인해 영국을 포함한 유럽 국가들에게 미국의 중립원칙을 재천명할 수 있게 된 것이다. 미국은 연방 시작부터 중립원칙을 천명했지만 그것은 유럽 국가들로부터 존중되지 않는 원칙이었다. 특히 막강한 해군력을 바탕으로 대서양과 지중해를 장악한 영국은 미국의 통상을 마음대로 유린했다. 워싱턴, 애덤스, 제퍼슨으로 이어온 중립주의는 상당 부분 선언적인 것이었으며, 친영국파와 친프랑스파로 나뉘어 있던 국내 정치 구도와 밀접한 관련이 있었다. 그러나 이제 1812년 전쟁에서 승리하면서 미국의 중립원칙은 실질적인 힘을 얻게 되었다. 승리한 후 애국심은 하늘을 찔렀고, 연방에 대한 신뢰는 드높았으며, 부패하고 타락한 '구세계'와 거리를 두면서 새로운 역사를 만들어가야 하는 '신세계'의 사명감은 팽배해 있었다.

1812년 전쟁 이후 미국은 실질적인 독립국가의 위상을 갖게 되었고, 유럽 국가들은 미국을 함부로 대하지 못했다. 미국은 한동안 중립주의 원칙을 계속 유지하는 데 큰 어려움이 없어보였다. 하지만 이것은 어디까지나 미국이 유럽 국가들로부터 직접적인 간섭을 받지 않았다는 이야기지, 미국이 유럽 정세로부터 완전히 초연할 수 있다는 이야기는 아니었다.

미국은 여전히 유럽 정세에 민감할 수밖에 없었다. 나폴레옹 전쟁이 끝났음에도 유럽은 복잡한 동맹관계로 얽히고설킨 상황이 계속되었다. 스페인에서 입헌주의자들이 혁명을 일으켜 왕정을 타도하자 1815년 9월 26일, 러시아를 중심으로 오스트리아와 프로이센이 이른바 '신성동맹'을 체결했다. 스페인의 왕정타도가 그들에게까지 영향을 미칠까 두려웠기 때문이다. 1823년 4월, 프랑스는 신성동맹의 도움을 받아 무력으로 스페인의 혁명세력을 진압하고 다시 왕정을 복귀시켰다.

미국은 이러한 유럽의 보수 반동 움직임에 촉각을 곤두세울 수밖에 없었다. 스페인의 혁명으로 말미암아 라틴아메리카의 스페인 식민지에서 자유주의 사상이 싹텄고, 스페인 통치에 반발하며 하나둘씩 독립을 쟁취해가고 있었다. 그 대표적인 사례가 1821년 독립을 쟁취한 멕시코였다. 미국은 이러한 라틴아메리카 독립운동을 미국혁명과 프랑스혁명이 태동시킨 자유의 열매라고 치켜세우며 그들의 독립을 지지했다. 하지만 스페인에서 왕정이 복귀되자 미국은 다시금 라틴아메리카에서 스페인의 식민주의 팽창이 재현될 것을 우려했다.

게다가 미국은 서부 국경문제로 영국, 러시아와 미묘한 갈등을 겪고 있었다. 1821년 9월, 러시아의 알렉산더 1세는 황국 칙령을 발표해서 북아메리카 태평양 연안 북위 51도를 러시아의 남쪽 경계선으로 선포하고 외국 선박이 러시아의 허가 없이 그 지역으로 들어가는 것을 금지했다. 러시아는 통상 북위 55도를 러시아의 남쪽 경계선으로 여겼는데 이번에 51도로 낮춘 것이다. 미국은 즉각 대응해서 어느 국가도 미국과 영국이 공동으로 관리하는 오리건 북서부 영역 이외의 아메리카 영토와 해상에서 소유권을 주장할 수 없다고 주장했다. 이때 국무장관 존 퀸시 애덤스 John Quincy Adams가 러시아에 보낸 전문에서 훗날 '먼로 독트린'의 서곡을 들을 수 있다. 애덤스는 "아메리카 대륙은 더 이상 어떤 새로운 유럽의 식민 지배 대상이 될 수 없다"고 못 박았다.[6] 다행히 러시아의 '반격'은 없었으나, 태평양 연안에서 러시아의 야욕은 항상 미국을 긴장하게 만들었다.

오리건 영토는 미국 독립 이후부터 그 소유권을 놓고 스페인, 영국, 미국이 신경전을 벌인 곳이다. 당시 오리건은 지금의 오리건 주에다 아이다호, 워싱턴, 와이오밍, 몬태나 그리고 캐나다의 영국령 컬럼비아를 포함하는 북서부의 광활한 영토였다. 미국은 제퍼슨 대통령 시대부터 본격적으로 오리건 지역을 탐사하기 시작했으며 이 지역에 무역소를 두고 모피 무역에 치중했다. 시간이 지나면서 이 지역에 대한 스페인의 영향력은 감소되었지만 영국은 그렇지 않았다. 다행히 1818년, 미국은 영국과 협정을 맺어 오리건 영토를 공동으로 관리하기로 했다. 하지만 미국의 서부 팽창이 가속화되면서 영국과의 마찰이 불가피했다.

　유럽의 정세변화에 미국이 가장 신경을 곤두세운 지역은 라틴아메리카였다. 미국 남부와 맞닿아 있는 플로리다 지역을 비롯해서 라틴아메리카는 미국 무역의 중심부였으며, 앞에서 언급했듯이 라틴아메리카의 독립에 따른 유럽 국가들의 진출은 미국의 국익에 직접적으로 영향을 미치고 있었기 때문이다. 특히 플로리다는 당시 스페인 영토였지만 스페인이 국내 혁명 등 내정 문제로 플로리다를 통치할 여력이 없게 되자 영국과 프랑스가 이 지역을 차지하기 위해 외교력을 펼치고 있었다. 미국은 남부 경계지역인 플로리다가 유럽 강국의 수중에 들어가는 것을 간과할 수 없었다. 이에 국무장관 애덤스가 적극적인 노력으로 1819년 스페인으로부터 플로리다를 양도받는 데 성공했다. 그리고 스페인은 오리건 영토 소유권까지 포기했다. 외교적으로 미국의 승리였지만, 영국을 비롯한 유럽 국가들은 여전히 라틴아메리카 지역에 대한 야욕을 키우고 있었기 때문에 미국은 이 지역에 대한 유럽 국가들의 진출에 신경을 곤두세우고 있었다.

명실공히 미국의 독립을 알리다

이런 상황에서 1823년 8월, 영국은 미국에 파격적인 제안을 했다. 라틴아메리카의 스페인 식민지가 다른 유럽 국가에 양도되는 것을 막기 위해 영국과 미국이 공동성명을 발표하자는 것이다. 이는 곧 미국과의 동맹 제의였다. 명분은 라틴아메리카 식민지의 독립을 지키기 위함이었다. 영국의 의도는 명백했다. 영국은 스페인의 국력 약화와 이에 따른 유럽 정세의 변화로 말미암아 스페인이 점유하고 있던 라틴아메리카 지역에서 영국의 이해관계를 확실히 챙기려는 것이었다. 이를 위해서 우선적으로 미국과 우호조약을 맺고자 했다. 영국이 미국과 동맹을 맺을 경우 다른 유럽 국가들은 이 지역에 더 이상 야욕을 보일 수 없게 될 것이기 때문이었다. 동시에 이 지역에 대한 영국의 진출에서 가장 걸림돌이 되는 미국을 아예 동맹국으로 받아들여서 함께 관리한다면 영국에 유리할 것이라고 판단했다.

영국의 제안을 받은 먼로 행정부는 놀라지 않을 수 없었다. 그동안 미국에 대한 영국의 행동으로 보아서는 이해되지 않는 제의였다. 1812년 전쟁에서 미국에게 수모를 당한 영국은 여전히 해상에서 미국 선박의 통상을 방해하는 등 미국을 괴롭혔다. 또한 미국을 문화적으로 하등한 국가로 취급하면서 미국인들의 자존심을 상하게 했다. 한마디로 영국은 미국을 자신들과 동등한 국가로서 인정하지 않았던 것이다. 그런데

갑자기 미국을 동등한 국가로 인정하면서 동맹을 맺자는 제의는 놀라운 일이 아닐 수 없었다. 영국은 라틴아메리카를 두고 급격하게 돌아가는 국제정세를 고려해서 미국이 너 이상 중립을 고집하지 말고, 영국과 함께 세계질서를 주도하자고 설득했다. 영국의 이러한 태도는 제안서의 마지막 부분에 잘 드러나 있다.

> 미국은 아메리카 대륙에 생긴 최초의 강력한 국가이며 의심할 여지없이 주도적인 국가다…… 이 새로운 대륙에 접해 있는 막대한 정치적·상업적 이익을 미국의 협조나 승인 없이 검토하고 조정할 수 있단 말인가? 또한 이러한 검토와 조정이 통상과 해군력에서 주도적인 영향력을 행사하는 미국과 영국의 적절한 이해 없이 가능하단 말인가?[7]

영국의 제안을 접한 먼로 대통령은 처음에는 그 제안의 진정성을 의심했다. 영국이 그러한 동맹을 제안할 리 만무했기 때문이었다. 하지만 그 제안이 사실임을 알자 그는 고민하지 않을 수 없었다. 어떻게 보면 행복한 고민이었다. 비록 라틴아메리카 문제이지만 영국이 세계질서에서 미국을 동반자로 여긴다는 것은 기분 좋은 일이었다. 또한 영국의 제의를 받아들이는 명분도 좋았다. 미국이 라틴아메리카 식민지의 독립을 지지함으로써 스페인이 해당 식민지들을 유럽의 다른 국가들에게 양도하지 못하도록 압박을 할 수 있기 때문이었다.

먼로 대통령은 처음에는 라틴아메리카 독립운동에 대해 직접적인 언

1815년 미국이 대승을 거둔 뉴올리언스 전투 1812년 전쟁 이후 영국은 라틴아메리카를 두고 급격하게 돌아가는 국제정세를 고려해 미국과 함께 세계질서를 주도하길 원했지만 미국은 끝내 중립을 지켰다.

급을 회피하면서 그 문제에 거리를 두려고 했다. 라틴아메리카 식민지 문제는 유럽의 정세와 밀접하게 연결되어 있었고, 그 문제에 개입한다는 것은 그동안 미국이 추구해온 중립주의 원칙에 위배되기 때문이었다. 하지만 이 식민지들은 미국 독립의 전례와 이상을 자신들의 모델로 삼았고, 미국 역시 이들이 독립해서 정치적·통상적으로 자유를 추구하도록 격려하고 도와주는 것을 미국의 진정한 사명으로 보았다. 그래서 먼로는 멕시코를 비롯해 칠레, 아르헨티나, 페루, 콜롬비아의 독립을 승인했던 것이다. 영국의 제안은 라틴아메리카의 식민지를 차지하려는 의도가 없다는 것을 전제로 하며, 이들 식민지를 다른 유럽 국가들로부터 지켜내자는 것이었기에 먼로는 이 제안을 일단 호의적으로 받아들였다.

하지만 먼로는 영국의 제의를 받고도 가을 내내 이 문제로 고심했다. 워싱턴과 제퍼슨이 세우고 다졌던 중립주의 원칙이 마음에 걸렸기 때문이었다. 그는 눈에 보이는 국익을 위해서 선임자들이 세워놓은 전통을 깨버리는 대통령으로 기억되고 싶지 않았던 것이다. 먼로의 고민을 더해주었던 것은 그의 각료들이 대체로 영국의 제안에 호의적이라는 점이었다. 특히 전쟁장관 존 칼훈John Calhoun이 그랬다. 칼훈은 사우스캐롤라이나 출신으로 남부를 대표하는 정치인이었으며, 다음 대통령 선거 출마를 염두에 두고 있던 영향력이 큰 인물이었다. 칼훈은 쿠바와 인근 라틴아메리카 지역에서 미국의 팽창은 시대의 요구라고 믿었고, 그러기 위해서는 우선적으로 신성동맹국가들과 프랑스가 스페인령 아메리카 식민지에 진출하는 것을 저지해야 한다고 주장했다.

그러나 각료 중 한 사람이 영국의 제안을 완강히 거부하고 나섰다. 바로 국무장관 존 퀸시 애덤스였다. 애덤스는 당시 미국에서 가장 외교 경험이 풍부한 사람이었다. 그는 제2대 대통령 존 애덤스의 아들로 독립전쟁 시기부터 아버지를 따라 수많은 유럽 국가를 방문하고 그곳에서 생활한 경험이 많았다. 또한, 수 개 국어에 능통했으며 유럽 국가들의 정치·사회·문화 등 모든 면을 속속들이 꿰뚫고 있었다. 아버지가 대통령 직에 있는 동안에는 프러시아 주재 미국 공사를 지냈고, 제퍼슨 정부 시절에는 러시아 공사를 지냈으며, 1812년 전쟁을 종결하는 평화협상에 미국 대표로 참가했다. 그 후 영국 공사를 지내다가 먼로에 의해 국무장관으로 발탁되었다.

애덤스는 먼로에게 영국의 제안을 받아들이지 말고 미국의 중립주의 전통을 지속시켜 나아가야 한다고 충언했다. 수차례의 각료회의에서 애덤스는 영국의 제안이 아무리 매력적이더라도 어느 특정 국가와 동맹을 맺는 것을 피하라는 초대 대통령 워싱턴의 당부와 아버지 존 애덤스, 그리고 토머스 제퍼슨 등 선조들이 남긴 중립원칙을 지켜야 한다고 주장했다.

결국 먼로는 국무장관 애덤스의 의견을 받아들여 유명한 '먼로 독트린'을 발표하기에 이르렀다. 1823년 12월 2일, 장장 두 시간에 걸쳐 발표한 연례교서에서 먼로는 아메리카의 정치제도는 유럽과 다르기 때문에 아메리카 대륙은 더 이상 유럽의 식민지 대상이 될 수 없으며, 만약 아메리카 대륙 그 어느 지역을 불문하고 유럽 국가들이 그들의 제도를 그곳에서 확장하려고 시도한다면 미국은 이를 자국의 "평화와 안전에 대한 위협으로 간주한다"고 선언했다. 동시에 자국은 기존의 유럽 식민지나 유럽 내정에 간섭하지 않을 것임을 선언했다. 먼로 독트린은 한마디로 미국은 유럽의 아메리카에 대한 식민지 진출을 더 이상 좌시하지 않을 것이며, 미국 역시 유럽 문제들에 간섭하지 않을 것이라는 점을 천명한 것이었다.

아직 미국의 국력이 강하지 못했기 때문에 먼로 독트린이 유럽에서 이렇다 할 파장을 가져올 수는 없었다. 라틴아메리카 독립을 지지하며 계속해서 유럽을 타락한 구세계로 치부하는 미국 대통령을 유럽 국가들이 좋아할 리 없었다. 오스트리아 외무장관 메테르니히Klemens von Metternich는 먼로의 메시지를 "가장 존경받을 가치가 있는 유럽의 제도를 책망하고 비웃는 야비한 선언"이라고 비난했다.[8]

하지만 이제 갓 독립을 쟁취하기 시작한 라틴아메리카 국가들은 먼로 독트린을 환영했다. 먼로 독트린이 그들에게 얼마나 실질적인 힘이 될 수 있는가에 대한 의구심은 있었지만, 먼로 독트린으로 말미암아 유럽 국가들이 그들의 독립과 자유에 쉽게 도전하지 못할 것이라는 점에서 독트린을 환영했다. 무엇보다도 미국 여론은 먼로 독트린을 열광적으로 환영했다. 1812년 전쟁에 승리하면서 미국인들은 그 어떤 유럽 국가들도 미국을 넘볼 수 없고 명실공히 완전한 독립국이 되었다며 강한 자부심을 느끼고 있었다. 그러던 차에 발표된 먼로 독트린은 미국인들의 '건국의 아버지들'로부터 이어져온 자부심과 사명감, 즉 미국은 타락한 구세계와 거리를 두고 하나님의 특별한 부름을 받아 출발한 미국적 가치와 이상을 완성해가야 한다는 사명감으로 충만하도록 만들었던 것이다.

먼로 독트린을 발표한 먼로는 미국의 영웅으로 떠올랐고, 그 역시 스스로 미국의 전통을 지켰다는 점에서 먼로 독트린을 가장 위대한 업적으로 자부했다. 먼로 독트린이 탄생하기까지 가장 큰 실질적 공헌을 했던 사람은 국무장관 애덤스였지만, 대통령의 뚜렷한 외교 철학이 없었다면 불가능했다. 애덤스가 분명 가장 외교 경험이 많은 국무장관임에는 틀림없지만, 먼로 역시 이 부분에서 만만치 않은 경험을 갖고 있었다. 그는 이전 매디슨 대통령 시절엔 국무장관과 전쟁장관을 역임했으며, 제퍼슨 대통령 때는 대통령 특사로 프랑스로부터 루이지애나 영토를 사들이는 데 공헌했다. 그밖에도 건국 초기에 파리, 런던, 마드리드 등지에서 외교관으로 8년이나 근무했던 '외교통'이었다. 그가 단순히 애덤스 국무장관의 주장에만 근거해서 먼로 독트린을 선택한 것은 아니었다.[9]

무엇보다도 먼로는 이른바 '건국의 아버지들' 세대 중에서 마지막으로 대통령을 지낸 사람이었다. 그런 점에서 먼로 독트린은 의미하는 바가 크다. 토머스 페인의 《상식》에서부터 워싱턴 대통령의 '고별사', 제퍼슨 대통령의 '취임사'로 이어진 중립주의 원칙 등 '건국의 아버지들'이 계속해서 되새김했던 초기 미국의 가장 중요한 원칙을 '마지막 건국의 아버지' 먼로가 재차 되새김함으로써 미국 초기사의 한 매듭이 완성되었다. 이 매듭은 적어도 향후 100년 동안 해체되지 않는, 미국 외교의 가장 중요한 원칙으로 뿌리내렸다.

에이브러햄 링컨
Abraham Lincoln

정부의 권력은
국민으로부터 나온다

미국이나 미국인이라는 단어가 없는 연설

여든하고도 일곱 해 전, 우리의 선조들은 자유 속에 잉태된 나라,
모든 사람은 평등하다는 믿음에 바쳐진 새 나라를 이 대륙에 낳았
습니다.

미국 역사상 최고의 연설로 손꼽히는 게티즈버그 연설은 이렇게 시작
했다. 링컨은 그냥 '87년 전'이라 하지 않고 "여든하고도 일곱 해 전Four

<u>게티즈버그에서 연설하는 링컨</u> 그의 게티즈버그 연설은 남북전쟁의 위기 속에서도 〈독립선언문〉의 정신을 되새기면서 미국의 이상과 가치를 재확인했다.

score and seven years ago"이라고 했다. 1861년 연방이 끝내 해체되고 남과 북이 서로 총부리를 겨눈 지 2년여가 지난 후, 필라델피아의 조그만 마을인 게티즈버그에서 전쟁의 승패를 좌우하는 역사적인 전투가 벌어졌다. 사흘간 이어진 필사적인 전투가 끝나자 인구 2,000명 정도가 살고 있는 게티즈버그 촌락의 들판은 7,500명이 넘는 병사들의 시체와 5,000마리가 넘는 말들의 시체가 나뒹구는 생지옥으로 변했다. 게티즈버그 패배는 남군에게 치명적이었다. 이후 전쟁은 2년간 더 지속되지만 남군은 게티즈버그 전투를 마지막으로 더 이상 북쪽으로 진격하지 못했다. 전

투는 남부에 국한되었고 남부는 계속 수세적 위치에 있었다. 게티즈버그 전투는 남북전쟁의 분수령이었다.

진투가 끝난 지 4개월이 지난 후 1863년 11월 19일, 링컨 대통령은 전사자를 기리는 게티즈버그 국립묘지 헌정식에 초대받았다. 대통령이 꼭 참석해야 하는 행사는 아니었다. 더군다나 헌정식에 초대받은 주 연설자는 대통령이 아니라 하버드 대학 총장을 지낸 정치인이자 학자이면서 명연설가로 명성이 높았던 에드워드 에버렛Edward Everett이었다. 행사 준비위원회에서는 불과 17일 전에 링컨에게 에버렛의 연설 후 짤막한 축사를 해줄 수 있는지 타진했다. 링컨은 흔쾌히 수락했고 최선을 다해서 손수 연설문을 작성했다. 게티즈버그로 가는 기차 안에서도 원고를 손봤고, 연설 당일 아침 식탁에서도 연설문을 다듬었다.

헌정식이 거행된 지 거의 세 시간이나 지난 후에야 드디어 링컨이 단상에 올라설 수 있었다. 그날따라 게티즈버그의 햇살은 따가웠고, 오랜 시간 계속된 행사 때문에 1만여 명의 청중은 지쳐 있었다. 더군다나 바로 직전에 에버렛의 축사가 있었는데, 그의 축사는 1만 3,607단어로 작성된 장장 두 시간짜리 연설이었다. 청중에겐 다행히도 링컨의 연설은 고작 2~3분 만에 끝났다. 사용한 단어도 채 300자가 되지 않았다. 너무 짧은 연설이어서인지 아니면 연설이 남긴 진한 감동 때문인지 청중의 즉각적인 반응은 무덤덤했다. 연설이 끝나고 링컨이 자리에 앉은 후에야 산발적으로 박수가 터져 나왔다. 청중의 반응에 링컨은 그의 연설이 실패했다고 생각했다. 하지만 다음 날 연설문이 신문에 실리고 전국적으로 알려지면서 국민은 링컨의 게티즈버그 연설을 되새김했다. 그 되새김은 역사 속에서 계속되었고, 지금까지도 이어지고 있다. 즉 그의 게티즈버그 연설은 불멸의 명연설로 남게 되었다.

게티즈버그 연설의 핵심은 미국 건국이념에 대한 링컨의 되새김이었다. 링컨은 아무런 인사말이나 개인적인 첨언 없이 곧바로 87년 전 미국의 선조들이 내세웠던 독립이념을 되새기면서 연설을 시작했다. 그 독립이념은 자유였다. 미국 건국의 아버지들이 세운 유형의 국가는 자유라는 무형의 정신에서 잉태conceived되었다는 것이다. 즉 자유가 없는, 자유가 보장되지 않는 국가는 미국이 아니라는 말이다. 또한 그 국가는 구체적으로 모든 사람이 평등하다는 믿음을 전제한다고 밝혔다. 여기서 사용한 '전제proposition'는 '잉태'와는 다르다. 자유가 이미 잉태된 미국의 본성이라면, 평등은 그것이 미국의 본질이라는 믿음이며, 그 믿음은 과연 그것이 올바른 전제인가에 대한 시험이 필요할 수 있다는 이야기다.

링컨은 남북전쟁을 그 전제에 대한 시험대라고 보았다. 그래서 게티즈버그 연설의 두 번째 부분은 이렇게 구성되었다.

지금 우리는 그 나라, 혹은 그와 같이 태어나고 그와 같은 믿음을 가진 나라들이 오랫동안 버틸 수 있는가 시험받는 내전을 치르고 있습니다. 그리고 우리는 그 전쟁의 거대한 격전지가 되었던 싸움터에 모였습니다. 우리는 그 땅의 일부를, 그 나라를 살리기 위해 이곳에서 생명을 바친 이들에게 마지막 안식처로서 바치고자 모였습니다. 이것은 우리가 그들에게 해주어야 하는 마땅하고 옳은 일인 것입니다.

링컨의 게티즈버그 연설은 미국 〈독립선언문〉의 반복이라고 할 수 있다. 남북전쟁이라는 시대적 상황과 게티즈버그 전투라는 계기를 통해 링컨이 단어와 내용을 다듬어서 〈독립선언문〉을 다시 낭송한 셈이다. "우리들은 다음과 같은 사실을 자명한 진리로 받아들인다. 즉 모든 사람은 평등하게 태어났고, 창조주는 몇 개의 양도할 수 없는 권리를 부여했으며, 그 권리 중에는 생명과 자유와 행복의 추구가 있다. 이 권리를 확보하기 위해 인류는 정부를 조직했으며, 이 정부의 정당한 권력은 인민의 동의로부터 유래하고 있는 것이다."

게티즈버그 연설의 첫 번째와 두 번째 부분이 〈독립선언문〉의 정신을 되새기는 것이라면 마지막 세 번째 부분은 한 걸음 더 나아가서 그 정신에 대한 헌신을 강조하고 있다.

> 그러나 보다 넓은 의미에서, 우리는 이 땅을 헌정하거나…… 봉헌하거나…… 신성하게 할 수 없습니다. 이곳에서 싸우다 죽은 혹은 살아남은 용사들이 이미 이 땅을 신성하게 했으며, 우리의 미약한 힘으로는 더 이상 보탤 수도, 뺄 수도 없기 때문입니다. 우리가 지금 이 자리에서 말하는 것을 세상은 주목하지도, 오래 기억하지도 않을 것입니다. 하지만 그 용사들이 이곳에서 한 일은 결코 잊지 못할 것입니다. 우리, 살아남은 이에게 남겨진 일은 오히려 이곳에서 싸운 이들이 오래도록 고결하게 추진해온, 끝나지 않은 일에 헌신하는 것입니다. 우리에게 남은 일은 오히려 명예로이 죽은 이들의 뜻을 받들어, 그분들이 마지막 모든 것을 바쳐 헌신한 그 대의에 더

욱 헌신하는 것입니다. 그분들의 죽음이 헛되지 않도록 하고, 신의 가호 아래 이 땅에 새로운 자유를 탄생시키며, 인민의, 인민에 의한, 인민을 위한 정부가 지구상에서 죽지 않도록 하는 것입니다.

게티즈버그 연설문이 고도의 사상적 함축미와 언어적 정갈함이 돋보이는 명문장으로 구성된 것은 사실이다. 하지만 연설문은 〈독립선언문〉의 내용을 벗어나지 않았다. 즉 어떤 새로운 이상이나 철학이 드러나지 않았다. 이 연설을 통해 링컨은 어떤 새로운 철학이나 원칙을 창출해서 역사 속에 그의 존재를 드러내고자 하지 않았다. 단지 〈독립선언문〉에 이미 나타난 건국의 이념을 다시 한 번 되새김했을 뿐이다. 게티즈버그 연설의 마지막 외침 "인민의, 인민에 의한, 인민을 위한 정부"조차도 〈독립선언문〉에 나온 "정부의 정당한 권력은 인민의 동의로부터 유래하고 있는 것"이라는 선언이 링컨의 문장을 통해서 재탄생한 것이다.

또한 링컨은 〈독립선언문〉이 단지 미국의 건국이념뿐 아니라 전 인류의 이상과 가치를 대변한다고 믿었다. 게티즈버그 연설은 미국의 남북전쟁과 그 전쟁의 분수령이 되었던 전투에서 전사한 병사들에게 헌정하는 연설이었다. 그럼에도 연설문 어디에도 게티즈버그라는 단어는 나오지 않으며, 얼마나 많은 병사들이 전사해서 이 무덤에 묻혔는지 언급하지 않았다. 북군이나 남군의 전사자에 대한 언급이나 구별도 없다. 연방의 최고 통수권자로서 게티즈버그 전투 자체가 갖는 승리의 의미나 그에 대한 기쁨도 없다. 패배한 남부를 향한 질책이나 경고도 없다. 남부는 더 이상 전쟁을 계속하지 말고 항복하라는 요구도 없다. 당시 링컨은 다가오는 대통령 재선을 앞두고 전쟁에 지친 유권자들과 동료 정치인들로부터 남부와 타협하라는 압력을 받고 있었다. 더 놀라운 것은 연설 그 어디에도 '미국'이나 '미국인'이라는 단어가 없다는 점이다. 다만 〈독립선언문〉의 정신에서 잉태되고 봉헌된 "그 나라", "그 땅"이라는 용어만 등장한다.

링컨은 남북전쟁의 위기 속에서 '미국'이라는 연방을 지키는 것에 만족하지 않았다. 그는 그 전쟁을 통해 미국이 건국이념인 '자유'를 재확인하며, 한 걸음 더 나아가 그것이 전 세계에 메아리치는 계기가 되길 원했다. 미국의 위기를 미국이 봉헌한 자유와 평등의 원칙과 그것을 지키는 민주주의 제도를 구축하는 기회로 보았던 것은 링컨이 왜 미국의 영웅을 넘어 전 인류의 영웅으로 기억되는지를 보여준다.

윌슨에서 오바마까지, 링컨은 계속 이어진다

미국을 넘어서 링컨을 전 인류의 영웅으로 만든 것은 게티즈버그 연설이었다. 그는 미국 대통령이었지만 게티즈버그 연설은 자유와 평등, 그리고 민주주의의 범세계적 가치관을 대변했기 때문이다.

민주주의가 위험에 처할 때마다 사람들은 그 누구보다도 링컨을 기렸고, 그의 게티즈버그 연설을 되새겼다. 제1차 세계대전 중에 영국과 프랑스의 지도자들은 게티즈버그 정신을 되새기며 독일과 오스트리아-헝가리 제국 그리고 그 동맹국들의 위협으로부터 세계 민주주의를 지켜내야 한다고 역설했다. 이는 물론 계속해서 참전을 거부하고 중립을 지키려는 미국을 연합국 쪽으로 끌어들이려는 의도가 깔려 있긴 했지만 그 정도로 이미 게티즈버그 연설은 널리 알려져 있었다. 1917년 4월, 결국 미국은 참전을 결정했고 윌슨 대통령은 참전의 목적이 "세계 민주주의를 안전하게 지키기 위함"이라고 선포했다. 제2차 세계대전이 발발하자 같은 상황이 재현되었다. 윈스턴 처칠을 비롯한 연합국 지도자들은 게티즈버그 정신을 들먹이며 미국의 참전을 호소했고 결국 미국은 일본의 진주만 공습을 계기로 참전하게 된다. 프랭클린 루스벨트 대통령이 구상한 전후 세계질서의 원칙에는 역시 게티즈버그 정신이 있었다. 자유와 평등에 입각한 "인민의, 인민에 의한, 인민을 위한 정부"를 지켜내기 위한 제도적 구상이 바로 국제연합UN이었다.

제2차 세계대전 후 독립을 맞이하며 새로운 정부를 구성하는 수많은 민족이 미국의 〈독립선언문〉과 게티즈버그 정신을 되새겼다. 1959년에는 미국뿐 아니라 세계 곳곳에서 링컨 탄생 150주년을 기념하는 행사가 열렸고, 그해 11월 19일 게티즈버그 연설 기념일에는 세계의 여러 지도자들이 게티즈버그 연설을 되새겼다. 여기에는 영국의 맥밀런 수상, 독일의 아데나워 수상을 비롯한 유럽 지도자들뿐 아니라, 인도의 네루 수상, 남베트남의 디엠 대통령, 일본의 가토 수상 등이 포함되었다. 엘살바도르에서는 11월 19일 게티즈버그 연설 낭독을 클라이맥스로 그해 내내 계속되었던 국가적 차원의 링컨 기념행사를 마쳤다. 대만 정부는 링컨의 탄생과 대만 정부 탄생 10주년을 동시에 기념하기 위한 우표를 제작했다. 우표에는 링컨과 중국 혁명의 아버지 쑨원孫文의 얼굴이 나란히 등장했고, 그 밑에는 "인민의, 인민에 의한, 인민을 위한 정부"라는 문구가 새겨졌다.

　1978년 9월 10일, 지미 카터 대통령은 대통령의 산장인 캠프 데이비드에 초대받은 이집트의 사다트 대통령과 이스라엘의 베긴 수상과 함께 게티즈버그를 찾았다. 일주일 내내 중동평화협상안을 놓고 머리를 맞대고 실랑이를 벌인 세 명의 국가 지도자들은 게티즈버그를 방문하고 숙연해졌다. 중동의 두 정상은 게티즈버그의 역사적 의미를 잘 알고 있었다. 동행했던 카터의 영부인 로잘린 여사의 회고록에 따르면 베긴 수상은 게티즈버그에 도착할 즈음 그가 평소 암송했던 게티즈버그 연설을 낭송하기까지 했다.[10] 며칠 후 카터의 재임 기간 중에 가장 중요한 업적으로 평가되는 이집트와 이스라엘 간의 캠프 데이비드 중동평화협정이 체결되었다.

　링컨을 미국을 대표하는 영웅으로, 그의 게티즈버그 연설을 민주주의 가치와 원칙을 천명한 세계적인 연설로 기억하는 것은 사실이나, 미국에서 그러한 명성을 얻기란 쉽지 않았다. 이 책의 제1장에서 밝혔듯이 링컨의 신화는 상당 부분 역사적 사실에서 논쟁거리가 된다. 링컨은 만들어진 신화일 수 있다. 게티즈버그 연설문도 여러 버전이 존재한다. 과연 어떤 것이 1863년 11월 19일 게티즈버그에서 링컨이 낭독한 진본인가에 대해 의견이 분분하다. 무엇보다도 링컨은 미국의 반쪽짜리 영웅이었다. 패배한 남부에게 링컨이란 존재는 증오의 대상이었고, 그의 노예해방 선언문이나 게티즈버그 연설문은 그들에게 일종의 패배선언문이나 다름없었다. 외국인들까지 게티즈버그 연설문을 되새길 때마다 남부인들은 씁쓸해했다. 그들은 자유, 평등, 민주주의라는 미국적 가치를

남북전쟁 당시 군인들의 모습 링컨은 이 전쟁을 통해 미국이 건국이념인 '자유'를 재확인하며, 이 이념이 전 세계로 확산하는 계기가 되길 원했다.

게티즈버그 연설로 연결시키는 것을 달갑게 생각하지 않았다. 남부 학교의 교과서에 게티즈버그 연설문은 아예 언급되지 않았다. 오랫동안 남부 주들은 게티즈버그 연설문을 교과서에 수록하는 것을 금지했다. 제1차 세계대전 당시 영국 지도자들이 게티즈버그 연설에서 나온 "자유의 재창조"를 언급하며 미국이 남북전쟁 때 남부에 대항해서 그랬던 것처럼 미국이 자유와 평화를 지키기 위해 독일에 대항해서 참전해야 한다고 주장하자, 남부 정치인들은 자존심이 상해서 더더욱 미국의 참전에 반대하기도 했다. 1960년대 민권운동이 탄력을 받기 시작하면서 이러한 남부의 정서에도 변화가 일기 시작했지만 게티즈버그 연설에 대해 무려 100년이나 계속되었던 남부의 침묵은 좀처럼 깨지지 않았다.

남북전쟁은 끝났지만 남과 북이 갖는 정서적 분단은 계속되었다. 이것이 링컨과 게티즈버그 연설의 '국제화'보다 '미국화'를 어렵게 만들었던 것이다. 하지만 국민의 정서는 그렇다 쳐도 대통령들은 끊임없이 링컨의 위대함을 강조했고, 게티즈버그 연설을 되새겼다. 남북전쟁 후 최초의 남부 출신 대통령이었던 윌슨은 그런 점에서 링컨의 미국화에 지대한 공헌을 했다. 윌슨은 남부 출신임에도 과감하게 자유, 평등을 미국 민주주의의 핵심 가치로 내세우면서 "자유의 재창조"를 창출한 링컨을 미국의 영웅으로 치켜세웠다. 미국이 제1차 세계대전에 참전한 후부터 윌슨은 더더욱 게티즈버그 정신을 되새기며 미국이 참전한 이유는 "세계 민주주의를 안전하게 지키기 위함"이라고 강조했다. 1913년 7월 4일, 게티즈버그 전투 50주년 기념사에서 윌슨은 "전투는 과거사일 뿐 이제 다툼은 잊힌 과거사"이며 미국인들은 "다시 형제요 전우로서 뭉쳤다"며 국민통합을 강조했다.[11]

1957년 9월, 드와이트 아이젠하워 Dwight Eisenhower 대통령은 다가오는 링컨 탄생 150주년 기념을 앞두고 국가적 차원으로 대대적인 준비를 하도록 했으며, 그 자신도 여러 연설에서 게티즈버그의 정신을 되새겼다. 존 케네디 대통령 역시 계속해서 링컨과 게티즈버그 정신을 되새김했다. 게티즈버그 연설 100주년 기념일인 1963년 11월 19일, 이 뜻깊은 날에 케네디 대통령은 준비위원회로부터 초대를 받았지만, 텍사스 주의

댈러스 시 방문 등으로 일정이 겹쳐서 참석하지 못하고 딘 러스크 국무장관을 보냈다. 그러나 게티즈버그가 아닌 댈러스를 선택해 카퍼레이드를 벌이던 케네디는 그만 암살당하고 말았다. 만약 그가 댈러스를 포기하고 게티즈버그에 갔다면 역사의 운명은 다르게 바뀌었을지도 모른다.

대통령뿐 아니라 일반인 차원에서도 링컨과 게티즈버그 정신을 기리는 미국인들이 늘어났다. 특히 1960년대 민권운동이 본격화되면서 이러한 추세가 강화되었다. 가장 유명한 사례는 1968년 8월 28일, 마틴 루서 킹 목사가 워싱턴의 링컨 기념관 앞에서 "나에게는 꿈이 있습니다"라며 시작한 연설이었다. 킹 목사는 도입 부분에 게티즈버그 연설을 인용하면서 100년 전이라는 표현 대신 "20년을 다섯 번 더한 해에" 선포된 노예해방선언을 언급했다. 또한 그는 "나는 꿈이 있습니다. 언젠가 이 나라가 깨어나서, '우리는 모든 사람이 공평하게 창조되었다는 자명한 이념을 신봉한다'는 미국의 신조 안에 깃든 참뜻 속에서 살아가는 것이 그 꿈입니다"라고 말하며 〈독립선언문〉과 게티즈버그 연설문을 되새김했다. 1776년 제퍼슨이 인류의 자명한 권리에 근거한 미국의 독립을 선포했고, 1863년 링컨이 게티즈버그에서 미국 건국의 이상과 정신을 되새김했고, 그로부터 100년이 지난 후 킹 목사가 링컨의 이상과 정신을 되새김한 것이다.

가장 최근에는 오바마 대통령이 링컨을 되새김했다. 그는 어느 대통령보다도 적극적이고 구체적으로 링컨을 되살렸다. 그는 링컨의 정치적 고향인 스프링필드에서 대선 출마를 선언했고, 링컨이 그랬던 것처럼 필라델피아에서 열차로 워싱턴에 입성했으며, 취임식에서 링컨이 사용했던 성경에 손을 얹고 취임선서를 했다. 오바마가 취임식 주제로 사용한 '자유의 새로운 탄생' 역시 링컨의 게티즈버그 연설에서 따온 것이다. 오바마를 링컨의 부활이라고 해도 과장이 아니다. 링컨이 선포한 노예해방선언 이후 145년 만에 피부색은 다르지만 오바마가 '검은 링컨'으로 부활한 것이다.

우드로 윌슨
Woodrow Wilson

시대의 변화에 맞춰
전통을 해석하라

급변하는 세계, 미국의 위상을 세우다

남북전쟁의 위기를 극복한 미국은 산업화에 박차를 가했다. 19세기 후반 미국은 급속한 산업혁명의 시기였다. 철도, 금융, 석유, 철강, 제조업 등 모든 분야에서 미국의 산업은 눈부시게 발전했다. 하지만 대부분의 국가들이 그랬듯이 산업화 과정은 미국 사회에 짙은 어둠을 내리게 했다. 미국의 부와 국력은 증대했지만, 평등과 자유에 심각한 도전을 가져왔다. '빈익빈 부익부'는 사회 양극화 현상을 가속했고, 노동자와 농민 등 산업화의 음지에서 신음하는 계층들의 불만은 높아갔으며, '아메리칸 드림'을 구현하기 위해 물밀듯이 밀어닥친 이민자들은 토박이들에게 눈엣가시였다. 곳곳에서 노동자, 농민, 이민자들의 불만이 터져 나왔고, 이들은 때론 강력한 정치적 세력으로 결집하기도 했다. 자유경쟁에 근거한 자본주의는 확대되었지만, 또 다른 자유를 부르짖는 사람들에 의해서 미국의 자유민주주의는 중대한 위기에 처하게 되었다.

자본주의의 약육강식 법칙은 세계 속에서도 그대로 적용되었다. 19세기 말과 20세기 초, 세계는 양육강식 원칙에 충실한 일종의 '동물의 왕국'으로 변했다. 힘이 약한 국가와 민족은 힘이 강한 국가와 민족의 욕망에 속수무책으로 희생되었다. 1871년 독일이 통일과 함께 영국과 프랑스가 주도하는 세계질서에 강력한 도전장을 내면서, 세계는 순식간에 식민지 경쟁의 각축장이 되었다. 아프리카 대륙은 주로 영국, 프랑스, 독일이 양분했고, 중동지역도 마찬가지였다. 인도는 이미 오래전부터 영국의 식민지로서 '해가 지지 않는' 대영제국의 자부심이었다. 서구 제국주의는 빠른 속도로 아시아로 향했다. 지금의 미얀마와 베트남은 영국과 프랑스의 식민지가 되었고, 아시아의 맹주였던 중국마저 유럽 열강에 유린당했다. 메이지 유신을 통해 대대적인 개혁에 들어간 일본은 서구 제국주의 팽창에 편승해서 아시아에서 야욕을 드러냈다. 청일전쟁을 계기로 조선을 강제 점유한 일본은 아시아와 태평양에 본격적으로 눈길을 돌리고 있었다.

이렇듯 1914년 제1차 세계대전이 발발하기까지 세계는 극도로 혼란스러웠다. 유럽 열강은 급속한 산업발전으로 인해 더 많은 원료와 시장을 위해서 식민지 개척에 열을 올렸다. 또한 민족과 인종의 우수성을 입증하기 위해서 너도나도 식민지 개척에 국운을 걸고 있었다. 애초의 경제적 야망에 근거한 경제 제국주의는 민족과 인종의 자존심이 걸려 있는 문화 제국주의가 더해지면서 더더욱 복잡한 신제국주의 대결로 치닫고 있었다. 거기다가 교통과 통신의 발달로 세계는 하루가 멀다 하고 가깝고 좁아졌다. 어느 지역에서 일어난 작은 사건이 유럽 열강뿐 아니라 그들과 밀접하게 엮여 있는 전 세계에 치명적인 영향을 줄 수 있었다.

남북전쟁의 위기를 극복한 후 눈부신 산업발전을 이룩한 미국 역시 이러한 세계사의 흐름에서 벗어날 수 없었다. 1896년 스페인과의 전쟁에서 압승을 거둔 미국은 스페인령 식민지였던 쿠바, 푸에르토리코, 필리핀, 괌 등에 대한 사실상의 통치권을 획득했다. 전쟁 중에 통합된 하와이와 그 전에 러시아에서 매입한 알래스카까지 포함해서 미국은 서인도제도와 태평양에서 제국의 기지개를 펴고 있었다.

이런 와중에서도 미국은 계속해서 먼로주의의 원칙을 고수했다. 19세기 말 미국의 국력이 커지면서 라틴아메리카에 대한 먼로주의는 유럽 열강들이 그 지역에 대한 식민지 야망을 저지했던 주요한 방어벽이었다. 그러나 라틴아메리카 독립국가들의 정치적·경제적 문제가 심화되면서 유럽 국가들, 특히 영국과 독일이 그 지역에 대한 야망을 드러냈다. 이에 미국은 적극적으로 먼로주의를 확대 적용했다. 예를 들면 1902년에 베네수엘라와 1904년에 도미니카 공화국에서 벌어진 사태에서 찾을 수 있다. 정치적·경제적으로 안정되지 못한 두 국가의 불안을 이용해서 유럽 국가들은 부채상환을 요구하며 연합군을 결성해 무력시위를 감행했다. 독일은 도미니카 공화국에 해군기지까지 요구했다. 시어도어 루

제28대 대통령 윌슨 제1차 세계대전으로 국민에 불안에 떨고 있을 때, 그는 무엇보다도 선조들의 중립주의 원칙을 되새기면서 미국의 전통을 지키기 위해 노력했다

스벨트 대통령은 유럽의 행동을 강력하게 비난했으며, 베네수엘라 사태 때에는 해당 지역에 함대를 급파해서 유럽의 무력시위에 무력으로 맞대응했다. 미국의 강경 대응에 놀란 유럽은 무력시위를 중단했다. 도미니카 사태가 발생하자 루스벨트는 유럽 국가들을 겨냥해서 제2의 먼로 독트린을 선언하기까지 했다. 이를 '루스벨트의 먼로 독트린에 대한 보충이론the Roosevelt's Corollary to the Monroe Doctrine'이라고 일컫는데, 이 선언의 핵심은 미국이 중남미지역의 혼란을 더 이상 묵과할 수 없으며 그 지역의 안정을 위해서 경찰력을 행사할 수 있다는 것이다. 즉 먼로주의를 지

켜내기 위해서 미국의 라틴아메리카 국가들에 대한 내정개입을 정당화한다는 뜻이다

유럽 열강의 제국주의 경쟁으로 말미암아 마찰과 대결이 심화되면서 전운이 감돌던 1912년, 우드로 윌슨이 대통령에 당선되었다. 윌슨은 남북전쟁 이후 남부 출신으로는 최초로 대통령에 당선되었기에 미국은 이제 남북전쟁의 아픔을 뒤로하고 새로운 시대를 시작한다는 상징적인 의미를 갖고 있었다. 동시에 윌슨은 링컨 이후 자유민주주의에 기초한 미국의 제도와 전통, 그리고 그것을 세계 속에 이식해야 한다는 선교사적 사명감이 가장 투철한 대통령이었고, 다가오는 제1차 세계대전의 세계사적 위기에 미국의 운명을 어떻게 조응하는가에 대한 열쇠를 쥐게 되었다. 향후 미국의 미래에 청사진을 긋는 중대한 기로에 서게 된 순간이었다.

먼로 독트린은 미국의 원칙이자 정책이다

1914년 여름, 유럽은 결국 전쟁의 소용돌이에 휘말렸다. 1815년 나폴레옹이 몰락하고 유럽에 평화가 도래한 지 100년 만에 유럽은 다시 전쟁에 휩싸인 것이다. 영국, 프랑스, 러시아가 한 축을 형성했고, 나중에 중국, 일본, 이탈리아가 합세했다. 다른 축은 독일과 오스트리아-헝가리 제국, 오스만튀르크 제국이었다. 하지만 제국주의 확장에 따라 세계는 유기적으로 유럽의 전세와 연결되었기에 이번 전쟁은 최초의 세계대전이라 할 수 있었다.

전쟁이 계속되면서 세계의 시선은 미국에 쏠렸다. 미국은 가장 부강한 중립국이었기 때문에 미국이 과연 계속 중립을 지킬 것인지, 중립을 포기한다면 어느 편을 선택할 것인지는 전쟁의 향방에 중대한 영향을 미칠 수 있었다.

미국인들 역시 전쟁에 지대한 관심을 보일 수밖에 없었다. 세계는 100년 전보다 훨씬 가까웠고 좁아졌다. 이전의 나폴레옹 전쟁과 그에 따른 1812년 전쟁과는 상황이 너무 달랐다. 무엇보다도 미국인들의 민족 구성이 다양해졌다. 19세기 후반 급격한 산업화로 말미암아 세계 각처에서 미국으로 이민 온 숫자가 폭발적으로 증가했다. 1889년부터 1915년까지 무려 2,000만 명 이상이 미국으로 건너왔다. 이는 미국 전체 인구의 4분의 1에 해당하는 엄청난 규모였다.[12] 이전의 앵글로색슨, 프로테스탄트 주류 사회는 아일랜드, 이탈리아, 라틴아메리카, 중국 등에서 '아메리칸 드림'을 찾아 건너온 이민자들로 더해지면서 다민족국가로 거듭나고 있었다.

이러한 다양한 미국의 민족적 분포로 말미암아 전쟁에 대한 순수한 중립을 지키기는 쉽지 않았다. 영국을 싫어하는 아일랜드계 미국인들은 영국을 돕는 전쟁에 미국이 참가하는 것에 반대했다. 주로 미국 중서부에 정착한 독일계 미국인들은 연합국이 아니라 중부 유럽 국가들에 심정적으로 더 가까웠다. 그렇다고 이들 독일계 미국인들이 적극적으로 미국이 독일을 지원할 것을 요구할 수도 없었다. 벨기에나 기타 독일 점령지에서 행한 독일의 만행이 알려지면서 독일계 미국인들의 입장이 난처해졌기 때문이다. 더군다나 독일계 미국인들의 상당수는 유대계 미국인들이었는데 이들은 미국이 연합국을 지원하는 것을 반대했다. 연합국을 돕는다는 것은 연합국의 동맹인 러시아를 돕는 것이었기 때문이었다. 유대인들은 자신들을 그토록 탄압했던 러시아 제정에 도움을 주는 행위를 받아들일 수 없었던 것이다. 이들 반영국, 반러시아 정서가 강한 민족이 미국 전체 인구에서 차지하는 비율은 20퍼센트에 불과했지만 이들의 정치적 영향력은 무시하지 못할 존재였다. 여전히 미국 사회의 주류였던 앵글로색슨계는 전쟁 개입에 대해서 의견이 나뉘었지만, 이들 반영국, 반러시아 계통의 미국인들은 상대적으로 단결된 목소리를 냈기 때문이었다.

결국 제1차 세계대전에 어떠한 입장을 취할 것인지 대통령의 입장이 중요할 수밖에 없었다. 윌슨 대통령은 앵글로색슨계로서 친영국파인 것은 사실이다. 하지만 그는 전형적인 미국인이었다. 윌슨은 워싱턴에서 제퍼슨, 그리고 먼로로 이어지는 중립주의 전통을 신봉했다. 그의 선조들이 그랬듯이 윌슨도 미국은 자유민주주의 이상을 실현하기 위해서 타락한 유럽의 정세로부터 거리를 두는 것이 바람직하다고 보았다. 윌슨은 제1차 세계대전도 유럽 국가들의 무절제한 이기심과 경쟁심 때문에 일어난, 타락한 유럽의 필연적인 결과로 보았다. 그래서 윌슨은 전쟁이 발발한 직후 미국 시민들이 "행동뿐 아니라 사고에서도 중립"을 지켜줄 것을 호소했다.

1917년 1월 22일, 상원에서 행한 연설에서 윌슨은 그의 중립원칙을 명확히 했다. 윌슨은 워싱턴, 제퍼슨, 먼로 대통령이 사용했던 용어들을 사용하면서 미국은 그동안 선조들이 추구했던 중립원칙을 고수할 것임을 천명했다. 그는 한 걸음 더 나아가, 먼로 독트린이 단순히 미국의 독트린을 넘어서 세계적인 독트린으로 확장되어야 한다고 주장했다. 즉 "어떤 나라도 그의 정체polity를 다른 어떤 국가나 민족에게 강요해서는 안 되며, 모든 민족은 외부의 간섭으로부터 방해받거나, 위협을 받거나, 두려움을 받지 않고, 그들 자신의 정체와 발전을 도모해야 한다"고 주장했다. 그리고 이것이야말로 "미국의 원칙이며 미국의 정책"이자 전 세계 모든 국가와 민족이 받아들여야 할 원칙임을 강조했다. 제국주의의 세계적 광풍 속에서 이른바 '민족자결주의'가 탄생한 순간이다.

윌슨의 1월 22일 상원 연설은 미국이 제1차 세계대전에 참전하기 불과 3개월 전에 행해졌다. 또한 그는 1916년 선거에서 가장 중요한 캐치프레이즈로 중립을 표방함으로써 재선에 성공할 수 있었다. 제1차 세계대전이 일어난 후 윌슨은 약 3년 동안이나 중립을 고수했기 때문에 1917년 4월, 갑자기 방향을 바꾸어서 참전을 택한 것은 의아한 결정이라 할 수 있다. 하지만 미국의 참전은 의도적인 결과가 아니었다. 전쟁은 독일이 선택한 것이었으며, 미국이 그에 대응한 것이었다. 1917년 1월 31일, 독일은 미국을 겨냥해서 중립국 선박에 무제한 잠수함 공격을 결정했다. 이것은 미국에 대한 선전포고나 다름없었다.

미국이 왜 제1차 세계대전에 참전했는지도 중요하지만 윌슨이 왜 오랫동안 중립원칙을 지키며 참전을 거부했는지도 중요하다. 제1차 세계대전은 산업화와 제국주의, 민족주의가 낳은 인류 최대의 재앙이었다. 산업화는 신무기 개발로 이어졌고, 신무기의 살상력은 그동안 인류가 상상하지 못한 살육을 초래했다. 민족적 연계를 떠나서 수많은 미국인은 인본주의적 이유에서 미국의 개입을 주장했다. 그러나 윌슨은 그 무엇보다도 선조들이 정립한 중립주의 전통이 깨지는 것을 원하지 않았다. 윌슨은 제1차 세계대전으로 국민이 불안에 떨고 있을 때, 급변한 세계사의 변동기에 무엇보다도 선조들의 중립주의 원칙을 되새김함으로써 미국의 전통을 지키려고 노력했다. 결국 미국이 참전했지만, 전쟁을 마무리하는 평화협상에서 윌슨은 미국의 원칙과 이상을 가장 중요한 원칙으로 내세웠다. 그가 1월 22일 상원 연설에서 밝힌 내용은 윌슨의 '14개조 평화원칙'으로 연결되었고, 그것의 핵심은 유럽식의 비밀동맹과 비밀조약을 탈피해서 정치, 통상, 외교 등 모든 국제관계에서 개방을 추구하는 내용으로, 미국 중립주의 원칙을 되새김한 것이었다. 윌슨은 미국의 참전으로 중립원칙을 포기한 것이 아니라, 중립원칙을 세계적 차원의 원칙으로 승화하고자 했던 것이다.

세계 민주주의를 수호하다

19세기 초 프랑스혁명의 여파로 유럽은 혁명과 전쟁의 불길에 휩싸였다. 나폴레옹은 프랑스혁명의 이념을 완성시킨다는 명분으로 유럽을 전쟁의 소용돌이로 몰아갔다. 유럽 전역에 프랑스혁명의 이상이 전파되기는 했지만, 전쟁이 낳은 부작용은 심각했다.

20세기 초는 전쟁과 혁명의 시대였다. 100년 전에는 혁명이 있고 그 여파로 전쟁이 뒤따랐다면, 이번에는 전쟁이 먼저 일어나고 혁명이 뒤따랐다. 즉 제1차 세계대전이 발발했고, 전쟁 중에 유럽과 세계 역사의 흐름을 바꿨던 러시아혁명이 발생한 것이다. 미군이 최초로 유럽 땅에 발을 딛는 그 순간 러시아의 10월 혁명이 발발했다는 점은 향후 미국과 소련의 운명뿐 아니라 세계사의 운명까지 묘한 그림자를 드리우게 되었다.

처음에 윌슨은 러시아의 상황에 무척 고무되었다. 니콜라이 2세의 퇴위 7일 만인 1917년 3월 22일, 윌슨은 공식적으로 러시아의 새 정부를 인정했다. 그는 러시아의 변화를 러시아가 오랜 전제정치의 그늘에서 벗어나 미국적 자유민주주의가 정착되는 '명예로운 거사'로 생각했으며, 그것이 '세계 속의 민주주의'를 구축하는 이상향의 한 부분이 되길 기대했다. 10일 후인 4월 2일, 독일에 대한 선전포고를 요구하는 의회 메시지에서 윌슨은 전쟁의 목적이 "세계 민주주의를 안전하게 보호"하기 위함이라고 밝혔다. 세계 민주주의를 위해서 미국이 참전한다는 것이다. 이 메시지에서도 윌슨은 러시아의 상황을 언급하면서 러시아에서 일어나고 있는 "놀랍고도 가슴 뛰는" 상황이 "미래의 평화를 위한 미국의 희망"에 자신감을 보탰다며 기쁨을 감추지 못했다. 미국 역사상 최초로 유럽 전쟁에 참여한다고 선언하는 순간까지 러시아 상황을 언급하는 윌슨의 모습에서 러시아의 민주주의에 거는 윌슨의 절절한 희망을 엿볼 수 있다.

윌슨이 미국의 참전을 "세계 민주주의를 안전하게" 하기 위한 것이라고 선언한 일은 미국적 자유민주주의가 하나의 모델로 전 세계에 퍼지기를 희망하는 의도로써, 그중 하나는 러시아 민주 혁명에 대한 기대가 깔려 있었다. 하지만 그해 10월, 볼셰비키 공산주의 혁명이 발발하면서 윌슨의 기대가 무너졌다. 1917년 12월에 발표한 연례교서에서 윌슨은

1917년 10월 혁명 기념 포스터 러시아혁명 이후 공산주의 확산에 대한 두려움이 윌슨을 압도했다. 러시아 혁명가들은 자본주의와 미국식 민주주의 타파를 주장했고, 그들의 이상을 성취하기 위해서는 '세계 민주주의가 불안전'해야 한다고 주장했기 때문이다.

러시아의 "슬픈 전환"에 상실감을 드러내면서 독일 국민이 그랬던 것처럼 러시아 국민도 소수의 독재자들에게 "독살"당하고 있다며 슬퍼했다. 1918년 1월 8일, 상하의원 합동연설에서 윌슨은 여전히 러시아에 대한 실낱같은 희망을 찾으려 했다. "러시아 국민이 그토록 추구해온 자유와 안정된 평화를 얻는 데" 미국은 어떤 식으로든지 도움이 되는 길을 찾고 싶다고 호소했지만, 이미 러시아혁명은 윌슨의 기대와 정반대로 진행되고 있었다. 러시아에 대한 희망이 무너지면서 이내 공산주의 혁명의 확산에 대한 두려움이 윌슨을 압도했다. 러시아 혁명가들은 자본주의와 미국식 자유민주주의 타파를 주장했고, 그들의 이상을 성취하기 위해서는 '세계 민주주의가 불안전'해야 한다고 주장했기 때문이다. 독일을 겨냥해서 '세계 민주주의를 안전하게' 하기 위한 명분으로 내세운 윌슨의 제1차 세계대전 참전 목적이 결국에는 공산주의 혁명으로부터 '세계 민주주의를 안전하게 보호'하려는 목적으로 전환된 것은 역사의 아이러니다.

전쟁과 혁명의 시대에서 미국도 자유로울 수 없었다. 윌슨이 참전의 목적으로 내세운 '세계 민주주의를 안전'하게 지키기 위함이라든지, 전쟁 중에 선포한 14개조 평화원칙 선언, 베르사유 평화협상에서 제시한 세계 평화를 위한 조건 등은 갈수록 좁아지고 가까워진 세계 공동체에서 미국이 더 이상 독자적인 노선을 취할 수 없음을 드러낸 것이었다.

세계사의 큰 변동 속에서 윌슨이 추구한 이상향은 이른바 '윌슨주의'로 요약한다. 이후 윌슨주의는 미국 외교에서 중요한 지렛대 역할을 했고, 제2차 세계대전이 종결되면서 프랭클린 루스벨트가 주창한 세계 평화를 위한 골격이 되었다. 윌슨주의는 윌슨이 주창했기 때문에 윌슨주의라 하지만, 사실 윌슨주의는 워싱턴 대통령이 주창했고, 먼로 대통령이 완성한 먼로주의의 재탄생이었다. 윌슨은 변화의 시기에 새로운 가치관을 내세운 것보다는 계속된 미국적 가치관과 전통을 새로운 시대적 변화에 맞춰 되새김했을 뿐이었다.

이러한 윌슨주의의 보이지 않는 배경에는 러시아혁명이 있었다. 제1차 세계대전에 미국이 참전했던 시점에 발생한 러시아혁명은 처음에는 윌슨의 희망으로 다가왔지만, 결국 러시아의 상황이 이미 윌슨이 기대했던 것과는 정반대로 전환되면서 윌슨은 러시아의 상황을 미국과 전 세계 민주주의가 기억해야 할 역사적 교훈으로 삼았다. 1919년 12월 연례교서에서 윌슨은 러시아의 "피와 테러"는 소수 독재자들의 폐해에 대한 뼈저린 역사적 교훈임을 되새기며 미국의 선조들이 지켜왔던 가치와 방식에 대한 되새김을 강조했다. 윌슨은 러시아혁명이 대표하듯 20세기 초의 "격정과 불안의 시대"에서 미국의 선조들이 고수해온 미국 민주주의 방식, 곧 "대의 정부에 의한 질서정연한 과정"을 통해서 개혁을 추구해야 함을 주장한 것이다.

처음에는 '전통을 되새김하는 대통령'을 가장 첫 장에 다루려고 했었다. 되새김은 미국 대통령의 품격에서 가장 독특한 부분이기 때문이다. 짧은 역사임에도 미국의 가치와 제도가 안정적으로 정착할 수 있었던 가장 큰 이유는 후대의 지도자들이 앞선 시대의 지도자들과 그들의 이상을 되새김했기 때문이다. 미국 대통령의 여러 품격 유형 중에서 지금의 미국을 만든 가장 중요한 유형을 하나만 선택하라면 나는 '되새김의 품격'을 선택할 것이다. 하지만 어느 역사든 제일 먼저 국가를 이끈 자부심이 있어야 하고, 그것을 되새김하는 것이 순리라고 생각해서 이 장을 두 번째로 후퇴시켰다.

이 장에 선택된 다섯 명의 대통령 외에도 되새김의 전통을 다졌던 많은 대통령들이 있다. 제2대 대통령인 애덤스도 그 가운데 한 명이다. 절대적인 지도자였던 워싱턴에 이어 애덤스는 그의 존재감을 보여주기 위해 워싱턴과는 다른 정책을 펼 수도 있었지만, 그는 담담히 워싱턴의 정책을 되새김했고, 이를 단단하게 다졌다.

20세기 미국의 대표적인 대통령 프랭클린 루스벨트도 이 장에서 다루지 않았다. 보통 그는 '뉴딜정책'을 통해 새로운 미국 민주주의를 탄생시킨 장본인으로 평가된다. 틀린 이야기는 아니지만, '뉴딜'이 있기 전에 먼저 우드로 윌슨의 '뉴 프리덤New Freedom'이 있었다. 루스벨트는 혁신주의에서 시작된 미국의 전통을 되새김하면서 새로운 비전을 제시했던 대통령이었다. 이미 제1장에서 이야기했듯이 루스벨트가 취임사에서 보여준 모습은 자부심과 되새김의 품격을 동시에 보여준 것이다.

최근에 8년 임기를 마치고 퇴임하면서 오바마는 심금을 울리는 고별사를 남겼다. 여기서도 되새김 전통의 진수를 엿볼 수 있다. 새로운 대통령 트럼프가 미국의 자유와 민주주의를 훼손시킬 것이라는 우려의 목소리가 팽배했다. 하지만 오바마는 고별사에서 미국 민주주의가 항상 순탄하지 않았다는 점을 지적하며 미국의 민주주의가 "앞으로 두 걸음 나아가는 동안 한 걸음 뒤로" 물러섰음에도 "건국의 이념이 지속적으로 확대"되었음을 강조했다. 오바마는 초대 대통령 워싱턴의 고별사를 되새기며 미국은 도전을 극복하고 전통을 지켜나갈 것이라는 믿음을 드러냈다.

제 3 장

포용과 관용의
대통령

미국 대통령의 품격에서 지속적으로 나타나는 부분은 포용과 관용이다. 이 때문인지, 미국 역사에는 정치적 보복이나 심판이라는 어두운 그림자가 크게 드리워지지 않는다.

미국 역사의 전개가 그러한 어두운 그림자를 드리울 만한 사건과 환경을 제공하지 않아서일까? 결코 그렇지 않다. 연방 존재 자체를 흔들었으며, 근대 세계사에서 가장 처절한 동족상잔이었던 남북전쟁 하나만 예를 들어도 그러한 전제는 전혀 맞지 않다는 것을 쉽게 알 수 있다. 미국의 근간을 송두리째 흔들었던 그 내란 이후 단 한 사람도 전범으로 몰려 처형되지 않았다. 이는 미국 역사뿐 아니라 세계사에서도 그 유례를 찾기 힘들다. 이러한 관용의 전통은 국외 문제에도 적용되었다. 1917년 제1차 세계대전에 참전한 윌슨 대통령은 '승리 없는 평화'를 주창했고, 패자에 대해 과도한 보복을 막으려고 안간힘을 썼다.

어느 나라든 민주주의 노정에서 겪어야 할 공통된 홍역은 계급과 신분 간의 갈등이다. 그런데 미국은 이미 1820년대 중반에 실질적인 남성 보통선거권 전통을 확립했다. 세계에서 가장 먼저 '보통 사람들'의 민주주의가 정착된 것이다. 또한 인디언과 흑인 문제는 미국 역사의 태생적 아픔이었다. 이들 '미국인 아닌 미국인들'이 갖는 아픔도 극단적인 방향으로 흘러 미국을 분열시키지는 않았다.

이번 장에서는 미국 대통령의 포용과 관용의 품격에 초점을 맞추고자 한다. 이를 통해 정치적 보복이나 심판이 크게 드러나지 않은 채 비교적 온건하고 순탄했던 미국 역사의 전개 배경을 추적하기로 한다.

앤드루 잭슨

Andrew Jackson

보통 사람들이
만드는 나라

파격적인 대통령 취임식

1829년 3월 4일, 미국 제7대 대통령 취임식이 거행되었다. 건국 이래 가장 시끌벅적한 취임식이었다. 취임식이 거행된 국회의사당 동쪽 현관 앞에는 취임식을 보러온 수만 인파로 북새통이었다. 새벽부터 취임식을 보러온 군중은 새로운 대통령을 보기 위해 행사장을 가득 메웠으며, 취임식이 다가오자 대통령을 좀더 가까이에서 보기 위한 군중과 그들을 제지하려는 행사 진행원 사이의 실랑이가 빈번해졌다. 취임식장은 금세 아수라장이 되었다.

하지만 취임식은 전체적으로 축제 분위기였다. 군중이 맞이하는 신임 대통령이 1812년 전쟁 영웅이었던 점도 있었지만, 이번 취임식은 처음으로 군중에게 공개했기 때문에, 그 자체로도 군중에게는 특별한 행사였다. 이전까지 대통령 취임식은 실내에서 이루어졌고, 참석자들도 초청받는 인사들로만 채워졌다.

오전 10시, 앤드루 잭슨이 연단에 올라오자 군중의 환호는 지축을 흔들었고, 아직 쌀쌀한 워싱턴의 공기를 뜨겁게 데웠다. 잭슨 대통령은 대법원장 앞에서 대통령 선서를 하고 곧바로 취임사를 읽어나갔다. 야외 행사에다가 밀집한 군중으로 인해 취임사를 들을 수 있는 사람들은 그리 많지 않았다. 사실 취임사의 내용은 그리 중요하지 않았다. 중요한 것은 취임식이 야외에서 거행되었고, 참석자들을 제한하지 않았으며, 대중의 환호성과 일치감 속에서 대통령이 취임했다는 점이다. 잭슨이 선거에서 승리할 수 있었던 이유는 그가 대중의 대표자요 대변자로서 자신의 이미지를 세웠기 때문이다. '보통 사람들의 대통령' 기치를 내세운 잭슨의 취임식은 그런 점에서 새로운 시대를 여는 상징적인 이벤트였다.

취임식이 끝나자 잭슨 대통령은 흰 말에 올라타고 펜실베이니아 도로를 따라 백악관으로 천천히 움직였다. 수많은 군중이 대통령을 따라갔다. 대통령과 군중의 경계를 표시했던 밧줄은 이미 의미가 없었다. 대통령과 군중의 간격은 위험할 정도로 가까웠다. 성질 급한 일부 군중은 대통령이 도착하기도 전에 백악관에 들어와서 취임 축하 리셉션을 위해 차려진 음식과 술에 손을 대기까지 했다. 이날 백악관은 하루 종일 일반인들에게 공개되었다. 리셉션은 시간이 지날수록 엉망진창이 되어갔다.

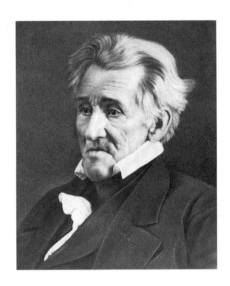

제7대 대통령 앤드루 잭슨 일명 '잭슨 시대라고도 불린 1830년대의 미국은 엘리트 위주로 주도된 민주주의가 약화되면서, 계급투쟁의 혼란과 위험에서 벗어났다.

사람들은 술에 취했고 연회장은 이내 난장판이 되었다. 연회장의 값비싼 카펫은 더럽혀졌고, 수십 개의 유리창이 깨졌다. 백악관 앞 잔디밭은 술에 취한 군중과 이들이 버린 쓰레기들로 난장판이었다.

이러한 난장판 속에서 잭슨은 첫날 밤을 백악관에서 잘 수 없었다. 그는 연회장을 간신히 빠져나와 일반 호텔에서 취임 첫날 밤을 보냈다. 그날 밤 시내 곳곳에서는 상류층 인사들만 초대받은 대통령 취임 축하연회가 열렸다. 잭슨은 어느 곳에도 가지 않았다. 취임식을 보지 못하고 끝내 영면한 부인에 대한 그리움과 서글픔, 그리고 영부인 없이 혼자서 부부 동반으로 참석한 상류층 인사들과 어울리는 것이 내키지 않았기 때문이었다.

제7대 대통령 취임식과 기타 행사는 파격 그 자체였다. 매사추세츠 상원의원인 대니얼 웹스터Daniel Webster는 "군중은 우리나라가 어떤 엄청난 위험으로부터 구출된 것으로 생각"하고 있었다고 취임식 분위기를 회고했다.[1] 취임식에 참석한 일반 미국인들을 묘사한 웹스터의 표현은 다소 과장되었다고 볼 수 있다. 하지만 역사의 긴 시선으로 볼 때 틀린 이야기는 아니다. 그동안 미국 민주주의의 주체는 엘리트들이었고, 일반 국민은 소외되었다. 잭슨의 등장과 함께 엘리트 위주로 주도되었던 민주주의가 약화되면서, 미국은 계급투쟁의 혼란과 위험에서 벗어날 수 있었던 것이다.

잭슨 취임식에서 보여준 일반 시민들의 다소 무질서한 태도는 기존의 엘리트 집단에게는 눈꼴사나운 모습들이었다. 거물급 정치가들은 이들 '폭도들의 난동'을 목도하며 앞으로의 미국 정치에 우려를 금치 못했다. 매너도 없고 세련되지도 못한 일반 시민들의 정치 참여가 미국의 정치 질서를 혼란으로 몰고 갈 것이라고 우려했기 때문이다.

사실 기존 엘리트층의 우려는 이해할 수 있는 부분이 있다. 1828년 대통령 선거는 이전의 선거와는 달리 이들 '보통 사람들'의 대대적인 선거 참여가 특징인 일종의 정치 혁명이었다. 그동안 미국의 선거에 참여할 수 있는 미국인들은 제한적이었다. 일반 사람들이 선거권을 갖기란 쉽지 않았다. 주에 따라 약간 다르긴 하지만, 대체로 어느 정도의 재산을 소유한 백인 남성이나 납세자, 혹은 두 가지 조건을 모두 갖춘 사람에 한해 선거권이 부여되었다. 하지만 1803년, 제퍼슨의 루이지애나 매입을 시작으로 서부 주들이 생성되면서 상황이 변하기 시작했다. 서부로 진출한 사람들이 토지 소유권을 갖게 되면서 선거권을 획득했고, 서부 주들은 점차 재산권과 상관없이 선거권을 주는 진보적 주 헌법을 채택하기 시작했다.

이러한 서부의 움직임은 동부에도 영향을 주었다. 주 인구가 서부로 빠져나가는 것을 막기 위해 기존의 동부 주들은 선거권을 취득하기 위한 재산 및 납세 등의 요건을 완화하거나 없애버렸다. 1828년 선거는 이러한 시대적 변화 속에서 최초로 백인 남성 보통 선거권에 따라 실시되었고, 이 선거에서 잭슨이 당선된 것이다. 여전히 엘리트 정서가 강했던 뉴잉글랜드와 북동부 해안지역을 제외한 전 지역에서 잭슨은 승리를 거두었다. 여전히 미국 민주주의는 어느 정도의 재산을 소유한 책임 있는 시민들에 의해 작동되어야 한다고 믿었던 기존 엘리트 계층은 이러한 정치적 변화를 우려할 수밖에 없었다.

이들 엘리트 계층은 과연 폭발적으로 갑자기 정치력이 신장한 일반 대중이 스스로를 다스릴 수 있을지, 혹은 그들이 다스려질 수 있는지 의문을 품었다. 이 의문의 해답은 결국 이들 보통 사람의 대변자로서 대통령에 당선된 잭슨의 리더십에 달려 있었다. 만약 잭슨이 보통 사람들을 이용해서 대통령에 당선되었을 뿐 그의 리더십이 결국은 기존의 엘리트주의에 입각한 기존 정치의 틀에서 벗어나지 못한다면, 보통 사람들이 갖는 상실감은 더없이 클 것이다. 그리고 다수의 보통 사람들이 정치에 갖는, 더 나아가서는 미국 연방에 갖는 불신이 높아질 것이어서, 이후 미국

민주주의는 극단적인 계급 간의 투쟁으로 치달을 수 있는 불안요소를 잉태할 수밖에 없을 것이다. 노예제도에 따른 기존의 남북지역 분단과 분쟁이 이제는 '가진 자'와 '가지지 못한 자', '교육받은 엘리트'와 '교육받지 못한 일반인들', '세련된 동부인'과 '거친 서부인' 등 편 가르기가 더 심해져 미국의 민주주의는 심각한 혼란으로 빠질 수 있는 상황이었다.

진정한 미국의 시대를 열다

영웅이 시대를 만드는가, 아니면 시대가 영웅을 만드는가. 역사의 난해하면서도 흥미로운 질문이다. 특히 국가와 민족의 정체성에 관한 질문이라면 더더욱 그렇다.

미국 역사에서 유일하게 어느 특정한 시대를 자신의 이름을 붙여서 규정짓게 만든 대통령이 있다. 건국 영웅인 워싱턴도 아니고, '위대한 해방자'로 추앙받는 링컨도 아니며, 가장 오랫동안 대통령을 지냈던 루스벨트도 아니다. 그는 바로 앤드루 잭슨이다. 그가 통치한 1830년대를 '잭슨 시대Age of Jackson'라고도 하는데, 미국 민주주의와 민족 정체성의 새로운 이정표를 세웠던 시기이기도 하다. 그래서 한편으로는 '잭슨 민주주의Jacksonian Democracy'라고 칭하며, 더 이상 유럽 문명의 지류가 아닌 미국의 독특한 정체성을 세웠던 시대이기도 하다. 잭슨 시대가 시작되던 즈음, 미국은 산업 발달, 서부 개척, 이민자들의 유입으로 교육 수준이 낮고 언어와 매너에서 세련되지 못한 보통 사람들의 천국으로 변해가고 있었다. 이들 보통 사람들의 정치적 목소리가 높아지자, 기존 엘리트들은 '다수의 횡포tyranny of the majority'를 경계했고, 유럽인들은 미국인들의 천박함을 비웃었다. 이 시기는 세계사에서 아직 대중 민주주의라는 개념조차 존재하지 않았던 시절이었다. 일반 국민이 자신의 존재에 대한 바른 인식에 근거해서 미국인이라는 자긍심을 갖게 하기 위해서는 무엇보다도 대통령의 국민인식과 리더십이 절실할 때였다.

민족 정체성은 국민 개개인이 자신의 존재에 대한 바른 인식을 바탕으로 자긍심을 가질 때 세워진다. 잭슨이 내세운 품격의 가장 위대한 점은 바로 이러한 국민의 자긍심을 일깨워주었다는 것이다. 국민 개개인의 자긍심에 근거한 민주주의를 실현하기 위해서 잭슨은 그동안 소외되었던 보통 사람들을 포용했던 것이다.

잭슨은 1812년 영미전쟁의 영웅이었지만, 고아에다가 서부 프런티어 출신이었다. 명문가 출신에 유럽풍의 엘리트 교육을 받은 이전 대통령들의 출신 배경과 비교할 때 잭슨은 초라한 보통 사람이었다. 그의 세련되지 못한 매너와 말투, 그리고 어설픈 철자법은 평생 동안 엘리트들의 조롱거리였다. 하지만 잭슨은 미국이 유럽식 정치 습속을 벗어나 진정한 미국식 민주주의로 거듭나기 위해서는 혈통이나 출신 배경, 특히 지역적 배경과 교육 수준과는 상관없이 평등 민주주의를 지향하는 것이라고 믿었다. 그렇기 때문에 그는 자신의 출신 배경에 당당했으며, 오히려 그가 진정한 미국인과 미국 민주주의의 상징이라고 믿었다. 그는 대통령 집권 내내 이러한 상징적 리더십에 충실했다. 그 결과 미국 민주주의는 이전의 엘리트 중심의 공화정에서 보통 사람들 중심의 민주정으로 바뀌었다. 세계에서 가장 오래된 정당인 미국 민주당은 잭슨 대통령 시절에 시작되었다.

소크라테스는 "자신의 존재에 대한 올바른 인식이 행복의 바탕"이라고 했다. 잭슨 시대 미국인들이 적극적·능동적으로 참여 민주주의와 평등 민주주의를 성숙시켰다면, 그 에너지는 보통 사람들이 갖는 존재감과 자긍심이었다. 그 역동성은 잭슨이 내세운 포용의 품격으로 인해 극대화되었다.

잭슨은 시대의 상징이었다. 운명이 그렇듯이 상징 역시 만들어진다. 시대가 영웅을 선택하지만 영웅이 그 시대를 역사 속에 새긴다. 잭슨 시대는 유럽과 비교할 수 있는 진정한 미국의 시대라고 할 수 있다. 그런 점에서 대통령으로서의 전반적인 평가와는 무관하게[2] 잭슨과 그 이후 시대를 잭슨의 이름을 따서 '잭슨 시대'라고 명명한 미국 역사가들이야말로 미국의 운명을 창조한 사람들이다.

새로운 미국 민주주의를 만들다

보통 사람들의 대통령을 자임했고, 보통 사람들을 위한 정치를 했던 잭슨의 품격은 미국 민주주의의 특징을 생성하는 중요한 밑받침이 되었다. 민주주의 역사가 참정권 확대의 역사라고 본다면 잭슨 민주주의가 세계 민주주의에서 차지하는 의미는 각별하다. 물론 백인 남성에게만 제한되었지만, 잭슨이 세계 최초로 남성 보통 선거권에 의해 대통령에 당선된 것은 단순히 미국 민주주의뿐 아니라 세계 민주주의의 새로운 패러다임을 제시하는 상징적인 역사적 사건이다.

잭슨이 상징하는 보통 사람들에 의한 새로운 민주주의를 가장 먼저 간파하고, 그것에 대해 극찬했던 사람은 프랑스 사상가 알렉시스 드 토크빌이다. 그의 불후의 지작《미국의 민주주의》가 출간되었던 1830년대 미국은 잭슨 민주주의의 정점에 있었다. 1789년 프랑스혁명에서부터 1830년 7월 혁명까지 프랑스 정치 여정에서 쓰라린 아픔을 체험한 후, 토크빌은 프랑스의 새로운 민주주의 모델을 찾고자 1831년 미국을 찾았다. 잭슨이 취임한 후 3년이 갓 지난 즈음이었다. 토크빌이 미국에 체류했던 기간은 채 1년이 되지 않았다. 비록 짧은 여행이었지만 오랫동안 프랑스 격동기를 직접 겪으면서 느꼈던 전제 왕권, 혁명, 자유주의, 계급 투쟁 등을 통해 미국을 보는 토크빌의 시선은 평범한 여행자의 눈이 아니었다. "그 눈 속에는 적어도 한 세기 정도의 프랑스와 유럽의 역사가 농축되어 있었다. 그렇기에 그의 눈은 미국의 현상을 유럽의 그것에 대비해 분석하는 프리즘이었으며, 그 프리즘을 통해서 드러난 미국을 낱낱이 분석하는 현미경이었다."[3]

　토크빌은 프랑스를 포함해서 유럽 민주주의가 발전하는 데 가장 큰 장애물은 귀족주의라고 보았다. 프랑스 고급 귀족의 자녀로 태어나 신분에 걸맞는 우수한 교육을 받고 자랐지만, 유럽의 뿌리 깊은 귀족주의 전통이 진정한 자유와 평등을 구현하는 데 걸림돌이었다고 보았던 것이다. 그런데 왜 유독 미국에서는 그러한 귀족적 민주주의가 뿌리내리지 못하고 보통 사람들의 민주주의가 정착했는가에 대한 해답을 찾는 것이 토크빌이 미국을 방문한 주요 목적이었다.

　막연한 기대감만 갖고 미국을 찾은 토크빌이 목도한 미국의 모습은 충격으로 다가왔다. 유럽에서는 전례를 찾을 수 없는 사회적 평등과 자유, 공공업무와 정치에 대한 시민들의 참여에 토크빌은 놀라지 않을 수 없었다. 토크빌은 이러한 미국 민주주의의 배경으로 아메리카의 지형적 특수성, 그에 따른 독특한 환경적 토양을 지적했다. 그 환경적 요소 중에서 주요 부분을 서부 개척에 두었다. 서부를 여행하면서 토크빌은 계급적·신분적·지적 차이와는 상관없이 생면부지의 사람들이 미지의 땅에서 그들의 꿈을 성취하기 위해 진력하는 모습 속에서 미국 민주주의의 특성을 보았다. 그래서 그는 미국의 서부에서 "민주주의가 극한의 경지까지 이르렀다"고 찬탄했다.[4]

토크빌은 서부 개척을 토대로 미국인들의 사회적 평등과 자유, 정신적 평등과 태도를 지적했는데, 여기서 주목할 것은 미국의 지적 평등에 대한 평가다. 토크빌이 평가한 미국 민주주의 가운데 가장 독특한 부분이다. 미국에는 무식한 사람이 그렇게 많지 않지만, 그렇다고 특출하게 지식이 뛰어난 사람이 많은 것도 아니었다. 뛰어난 문필가, 역사가, 예술가도 없었다. 토크빌은 "유럽의 제2급 도시에서 매년 출간되는 문학작품을 합친 것이 미합중국 스물네 개 주에서 출간되는 문학작품을 합친 것보다 많을 정도다"[5]라고 지적했다.

토크빌은 미국인들의 지적 경박함이나 지적 수준의 열등함을 드러내려고 미국의 지적 평등을 지적한 것이 아니다. 그는 미국 사회의 전반적인 평등 의식의 기저에는 미국인들의 보편적인 지적 평등에 있다고 보았다. 그리고 이러한 지적 평등으로 가는 사회적 배경의 출발이 서부 개척에 있다고 보았다. 이는 잭슨이 대통령에 당선된 가장 중요한 지지층

프랑스의 정치가 **토크빌** 그는 미국 서부를 여행하면서 개척의 꿈을 이루기 위해 진력하는 사람들을 통해 미국 민주주의의 특성을 살펴본 다음 《미국의 민주주의》를 집필했다.

이 서부였다는 점에서 잭슨 민주주의의 보이지 않는 정서적 배경을 명확하게 꿰뚫은 것이다.

　잭슨이 취임식에서 보여주었던 극단적인 보통 사람들의 잔치는 이러한 미국 사회의 새로운 변화에 대한 그의 상징적 중요성을 강조했던 것이다. 자신도 기존의 엘리트 계층으로부터 지적으로 열등하며, 세련되지 못한 정치가로 낙인찍혀서 온갖 비방을 받았지만, 잭슨은 그런 비방에도 개의치 않았다. 이전의 대통령들처럼 귀족 가문 출신에다 최고급 교육을 받고, 때론 유럽에서 유학을 했거나, 그곳에서 정치적 수련을 쌓는 호사를 누리지는 못했지만, 그는 프런티어에서 태어나 미국의 변경에서 인디언들과 싸우면서 개척민들의 토지를 보호했다. 여기에 더해, 1812년 영국과의 전쟁에서 클라이맥스였던 뉴올리언스 전투를 통해서 미국의 영웅으로 등장한 사람이었다.

이전의 대통령들이 기존의 동부 엘리트 전통을 대변했다면, 잭슨은 서부 프런티어 정신을 대변했다. 잭슨은 이에 대해 한 치의 콤플렉스도 없었다. 그는 당당하게 그가 새로운 미국, 새로운 미국인을 대표한다고 믿었다. 토크빌이 지적했듯이 세계 역사는 귀족주의의 연속이었기에 유럽 민주주의는 평등에 기초한 자유민주주의로 정착하지 못했다. 미국의 민주주의는 그러한 유럽의 전통을 깨고 세계사의 새로운 민주주의를 실험에 옮겼다. 그 실험대에서 잭슨은 새로운 미국인들을 포용하면서 당당하게 새로운 시대를 주도했다.

에이브러햄 링컨
Abraham Lincoln

상대의 패배에
환호하지 마라

남북 통합을 위한 좁은 문

1865년 4월 14일 금요일 저녁, 링컨 대통령이 암살당했다. 남북전쟁이 공식적으로 끝난 지 채 일주일도 되기 전에 전쟁을 승리로 이끌었던 대통령이 비운의 주인공이 되었다. 암살자는 남부연합 지지자로서 남부의 패배에 분노를 삼키지 못했던 연극인 존 부스John W. Booth였다. 대통령의 갑작스런 죽음으로 국민은 충격에 빠졌다. 이틀 후 교회마다 '성 금요일'에 유명을 달리한 대통령의 명복을 비는 침통한 부활절 예배를 준비했다. 당시 뉴욕에 거주했던 어느 영국 기자의 표현을 빌린다면 "유럽의 어떤 왕의 죽음도 링컨의 죽음에 흘린 눈물의 반도 되지 않았을 것이다."[6]

하지만 링컨의 죽음을 반기는 사람들도 있었다. 남부인들도 아니고 북부 정치인, 그것도 링컨을 대통령으로 만들었던 공화당 의원들이 그랬다는 것은 언뜻 이해되지 않는다. 어느 미시간 주 정치인은 링컨이 죽자 친구에게 이런 편지를 보냈다. "너무 가슴이 벅차 뭐라고 표현하기가 힘드오. 불쌍한 링컨은 자신만의 선의와 관용에 희생된 것이오. 모든 반역자들은 다 죽어야 하오."[7]

이른바 공화당 '급진파'들은 링컨이 계획한 재건 정책에 불만이 있었다. 링컨은 전쟁 후 패배한 남부를 포용하고 남부의 '전범자들'에게 관용을 베풀기를 원했다. 그래서 1863년 12월, 이른바 '10퍼센트 계획'을 발표했다. 그는 아직 전쟁이 끝나지도 않은 상태에서 전후 남부를 포용하는 재건 정책의 기본원칙을 제시한 것이다. 이는 남부 주의 거주민 가운데 10퍼센트만이라도 연방에 대한 충성을 서약한다면 될 수 있는 한 간소한 방법으로 그 주를 연방에 복귀시킨다는 방침이다.

이러한 링컨의 온건한 재건 정책에 북부 공화당 의원들은 발끈했다. 연방을 탈퇴해서 반란을 일으켰고, 엄청난 인명 및 재산 피해를 입혔던 남부를 사실상 그대로 연방에 받아들이자는 링컨의 생각을 북부 정치인들은 받아들일 수 없었다. 이들은 전쟁 후 남부에 철저하게 전쟁 책임을 물어야 한다는 입장이었다. 만약 그렇지 않다면 건국 이래 연방의 통합과 발전을 저해했던 남과 북의 문제는 해결되지 못하고 또다시 새로운 문제의 씨앗을 배태할 수밖에 없다고 본 것이다. 이들은 남북전쟁을 계

흑인과 급진 노예제 폐지론자에 끌려다니는 링컨을 묘사한 풍자만화 1860년 공화당 전당대회에서 링컨은 주요 선거 공약으로 노예문제를 내세웠지만, 정작 노예해방에 대해서는 온건한 태도를 보였다. 이 태도는 결과적으로 대통령 후보에 선출되는 데 유리하게 작용했다.

기로 남부에 대한 철저한 역사청산을 통해서 미국 연방의 근간을 굳건하게 세우는 것을 재건의 가장 중요한 목적으로 삼았다. 이들 공화당 급진파들은 공화당의 다수파였기에 전쟁 후 링컨과 이들 급진파들과의 정치적 대결은 불 보듯 뻔했다.

링컨이 이런 북부의 정서를 모를 리 없었다. 그런데 왜 링컨은 그토록 유화적인 재건 정책을 선택했을까? 급진파들의 요구에 순응하는 것이 인기 있는 길일 터인데, 왜 링컨은 "좁은 길, 좁은 문"[8]으로 들어갔을까?

링컨은 완전한 재건이란 불가능하다고 보았다. 패배한 남부에 대한 철저한 심판으로 연방을 완벽하게 재건하기란 한계가 있다고 본 것이다. 패자에 대한 물리적인 재건은 가능할지 모른다. 또한 전쟁의 책임을 물어 남부 전범자를 철저하게 심판해 남부의 인적구성을 쇄신함으로써 제도적으로 남부를 연방의 의도대로 재구성할 수 있을지 모른다. 하지만 문제는 남부의 정서였다. 건국 이래 반세기 이상 계속되었던 남부의 독특한 정서를 하루아침에 바꿀 수는 없는 일이었다. 남부는 전쟁에서 졌지만, 정서적으로 패배를 인정하지 않았다. 무엇보다도 남부는 북부가 생각한 대로 그들이 유지하고자 했던 노예제도라는 사악한 제도 때문에 미국의 신이 그들에게 벌을 내렸다고 생각하지 않았다. 그들이 사악하거나 도덕적 죄악 때문에 패한 것이라고 생각하지 않았고, 연방헌법의 정신을 위배하며 반란을 일으킨 것이 아니라 오히려 연방헌법의 정신을 지키기 위해 취한 자기방어라고 생각했다. 비록 전쟁에서 졌지만 남부의 자존심은 여전히 강했다. 또한 연방 군인들과 북부 정치인들에 대한 분노는 더욱 깊어졌다. 패전 직후 어느 남부 목사가 설교에서 부르짖었던 외침은 그들의 분노를 잘 대변한다.

나는 결코 그들을 용서하지 않는다. 용서하려고도 노력하지 않는다. 뭐라고! 우리 고장을 침입해 우리 도시들을 불태우고 우리 집들을 파괴했으며 우리 젊은이들을 살육했고 우리의 고상한 토지를 망쳐놓았던 그들을 용서하라고? 절대로 나는 그들을 용서할 수가 없다.[9]

링컨은 이런 남부의 정서를 생각할 때, 북부 정치인들이 요구한 대로 철저한 과거청산에 근거한 재건은 불가능하며, 그것이 연방의 미래에도 도움이 되지 않는다고 보았다. 5년간의 치열한 내전과 그로 인해 남과 북은 충분한 대가를 지불했다. 이제는 이를 계기로 남과 북이 화합해서 새로운 연방으로 거듭나길 바랄 뿐이었다.

제2장에서 이미 살펴보았듯이, 링컨은 게티즈버그 연설에서도 결코 남부를 비판하지 않았다. 남부에게 항복을 종용하지도 않았다. 연설 그 어디에도 '반란자'나 그와 유사한 단어가 없다. 심지어 '남부'라는 단어도 없다. 그 연설이 있고 한 달 후에 링컨은 '10퍼센트 계획'을 발표했다. 그는 '10퍼센트 계획'을 그냥 지나가는 생각으로 제시하지 않았다. 그것을 통해 공화당 급진파들의 대응을 보면서 재건 정책을 구체화하기 위해 '10퍼센트 계획'을 제시한 것이 아니었다. 링컨은 항상 그랬듯이 그의 신념에 단호했으며, 한 번 결정한 일은 실행에 옮겼다. 대통령으로서 그의 가장 중요한 신념은 연방의 통합을 이뤄내는 것이었다.

하지만 링컨은 재선 임기를 시작한 지 한 달 만에 암살당하고 말았다. 그의 죽음은 곧 그의 유화적인 재건 정책의 죽음을 의미했다. 재건 정책은 이제 부통령으로서 링컨의 뒤를 이은 앤드루 존슨Andrew Johnson의 몫이었다.

존슨, 링컨의 유훈을 계승하다

링컨이라는 너무 큰 인물에 이어 대통령에 오른 것이 존슨의 불행이었다. 더 큰 불행은 존슨이 전쟁에서 승리하는 것보다 더 어려운 과제인 재건 문제를 떠맡게 된 점이다. 존슨의 불행은 결국 미국 역사상 최초로 대통령이 탄핵 심의를 받게 됨으로써 그 정점에 이르게 된다. 탄핵의 근본적인 이유는 링컨이 추진하고자 했던 유화적인 재건 정책을 존슨이 계속했기 때문이었다. 아이러니하게도 링컨은 죽어버려서 영웅이 되었지만, 존슨은 죽은 자의 정신을 받아들여서 미국 최악의 대통령이라는 오명을 받게 되었다.

존슨이 의회의 탄핵 심판대에 서게 된 것은 정치적인 이유였다. 그 정치적인 배경의 핵심은 링컨 재임 때부터 계속 재건 정책을 놓고 벌였던 급진파 공화당과 대통령 간의 대결이었다. 그 대립이 1868년 2월, 존슨 대통령이 에드윈 스탠턴Edwin Stanton 국방장관을 해임하면서 폭발해버린 것이다. 대통령이 자신의 각료를 해임하는 것은 지극히 자연스러운 대통령의 권한이었다. 하지만 문제는 해임 대상자가 공화당 급진파들과 가까운 장관이라는 점이었다. 스탠턴은 대통령의 조력자보다는 대통령을 압박하는 정치인들의 조력자 역할을 했기 때문에 존슨에게는 눈엣가시였다. 이를 눈치챈 의회는 상원의 동의 없이 대통령이 각료를 해임하지 못하게 하는 관직보유법Tenure of Office Act을 통과시켰다. 상식적으로 말이 안 되는 법이었지만, 당시 정치를 주도하고 있던 공화당 급진파 세력은 재건 정책에서 그들의 말을 듣지 않는 대통령을 견제하기 위해 이 법을 통과시켰다. 그들은 존슨이 스탠턴을 해임하리라고 예견하고 그러한 법을 미리 만들어놓아서 덫을 놓았던 것이다. 존슨은 의회가 놓은 덫에 걸려들고 말았다. 대통령은 그의 말을 듣지 않는 스탠턴을 해임했고,

의회는 대통령이 관직보유법을 어겼다는 명목으로 대통령에 대한 탄핵 소추를 감행했다.

존슨의 탄핵은 기정사실화되었다. 하원은 탄핵안을 통과시켰고, 상원에서도 통과시킬 것으로 예상되었다. 하지만 탄핵안은 단 한 표가 부족해 3분의 2에 해당하는 찬성표를 획득하지 못해서 통과되지 못했다. 사적이고 정치적인 이유 때문에 대통령이 탄핵당하는 것이 바람직하지 않다고 생각한 에드먼드 로스Edmund G. Ross 상원의원의 '반란표'가 결정적이었다.[10]

이후 존슨에 대한 역사적 평가도 각박했다. 존슨은 역대 대통령 평가 순위에서 항상 최하위 그룹에 속한다.[11] 여기에는 그가 최초로 탄핵 심판대에 올라온 대통령이라는 점이 크게 작용했다. 존슨은 분명 정치적 수완이 부족한 대통령이었다. 재건이라는 중대한 국가적 과제를 놓고 그 어느 때보다 대통령의 정치력이 필요한 시점에서 그렇지 못했던 존슨의 리더십의 부재는 왜 그가 그렇게 낮은 평가를 받을 수밖에 없었는가에 대한 이유라고 할 수 있다.

그럼에도 존슨의 가치는 재고될 필요가 있다. 무엇보다도, 그 당시 정치적 현실에서 존슨은 선임 대통령이 세웠던 재건 정책의 원칙을 그대로 수용했다는 점이다. 대통령이 되기 전에는 존슨의 입장이 공화당 급진파들과 같았다. 그는 남부 귀족을 싫어했고, 남북전쟁의 비극은 이들 귀족 엘리트들의 잘못된 지도력 때문에 초래되었다고 생각했다. 그래서 전쟁 책임을 물어 남부 엘리트들에 대한 철저한 심판이 전제된 재건 정책을 펴야 한다고 생각했다. 그 철저한 심판에는 반란을 주도했던 남부

연합 지도자들에 대한 교수형과 재산 몰수, 그리고 몰수한 재산을 가난한 노동자들에게 배분하는 것 등이 포함되었다.

하지만 대통령이 된 후 그의 생각이 바뀌었다. 존슨은 남부 지도자들에 대한 복수나 심판보다는 링컨이 주장한 대로, 패배한 남부를 감싸 안아야 하며, 가능하면 최소한의 조건 속에서 남부 주들이 다시 연방에 복귀하도록 배려해야 한다고 생각했다. 이것이 진정한 연방의 재건을 위한 일이라고 믿었다. 1865년 5월, 대통령에 취임한 지 얼마 되지 않아 존슨은 남부연합의 지도자들을 제외하고 연방에 충성을 서약하는 모두에게 사면령을 내렸다.

이러한 존슨의 태도 변화와 입장을 당시 정치권의 주류였던 공화당 급진파들이 받아들일 리 없었다. 존슨은 결국 이들 세력에 의해서 탄핵 심판대에 오르는 수모를 당하게 되었고, 한 표 차이로 대통령직을 고수하기는 했지만 대통령으로서는 이제 '식물인간'이나 다름없었다. 하지만 그런 상황에서도 존슨은 1869년, 그의 임기 마지막에 대통령 특별 사면권을 발동해서 남부연합의 모든 지도자들을 조건 없이 사면시켰다. 존슨은 마지막 순간까지 꿋꿋하게 링컨이 주장했던 관대한 재건 정책을 실행에 옮긴 것이다.

어떻든 간에 결과적으로 존슨 임기 동안, 노예제를 금지하는 수정헌법 13조가 통과되었고, 미국에서 태어난 모든 미국인에게 시민권을 주는 14조가 통과되었다. 재건 정책은 상당 부분 공화당의 의도대로 진행되었으나, 남부를 포용하려는 링컨과 존슨의 마음은 계속 이어갔다. 이러한 마음은 대통령에 당선된 남북전쟁의 영웅 율리시스 그랜트Ulysses

S. Grant 장군에 의해 대물림되었다.

미국을 하나로 이끈 그랜트 대통령의 관용[12]

1865년 4월 9일, 미국 남북전쟁의 마지막 전투가 벌어졌던 버지니아 주 아포메톡스에서 항복조인식이 거행되었다. 남군 총사령관 로버트 리 Robert E. Lee 장군이 북군 총사령관 율리시스 그랜트 장군에게 공식적으로 항복하는 순간이었다. 패장인 리 장군은 옆구리에 수려한 긴 칼을 차고, 화려하게 치장된 제복 차림으로 나타났다. 승장인 그랜트 장군은 바지와 구두에 전장의 진흙이 그대로 묻어 있는 평범한 군복 차림으로 리 장군을 맞이했다.

그랜트 장군의 복장이나 태도 그 어디에도 승자의 우월감이나 거만함을 찾을 수 없었다. 그랜트는 패장을 깍듯이 대했을 뿐만 아니라, 그의 자존심을 지켜주었다. 항복의 상징으로 패장의 칼을 받아들이는 의례도 생략했다. 항복 조항에 리 장군과 그의 부하들이 체포되거나 반역죄로 재판을 받지 않을 것임을 명확히 했다. 남부 병사들이 소유한 말이나 노새를 압류하지 않았을 뿐만 아니라 굶주린 리의 병사들에게 식량까지 제공했다. 회담을 마치고 리 장군이 돌아간 후 그랜트 부하들이 환호하자, 그랜트는 그들을 준엄하게 꾸짖었다. 그러고는 "그들도 이제 우리 동포다. 그들의 패배에 환호해서는 안 된다"라고 말했다.

5년간의 처절한 내전은 결국 북군의 승리로 돌아갔지만, 승자는 패자위에 군림하지 않았고, 오히려 패자를 감싸 안았다. 모든 전쟁이 그렇듯이 전쟁 후에는 물리적인 복구보다는 정신적인 복구가 더 어렵다. 패자의 정신적인 상처는 치유하기까지 상당한 시간이 걸린다. 그 치유의 상당 부분은 승자의 자세에 달려 있다. 미국이 근대사에서 가장 처절하고 참혹한 내전을 치렀지만 빠른 시일 안에 그것을 극복하고, 세계적인 강국으로 거듭난 데는 그랜트 장군의 역할이 컸다.

남북전쟁의 영웅 그랜트 장군은 1868년 제18대 대통령에 당선되었다. 총사령관 그랜트는 전투에선 잔인할 정도로 용맹스러웠다. 승리를 위해서는 모든 희생을 마다하지 않는 저돌적인 장수였다. 그런 그를 링컨 대통령은 끝까지 신임했고, 그는 결국 전쟁을 승리로 이끌었다. 하지만 대통령 그랜트는 패배한 남부에 온화했다. 그는 남부를 끌어안고 국민통합을 이뤄내기 위해 진력했다. 또한 링컨 대통령이 추구하고자 했던 남부 포용정책을 그대로 실현하고자 했다. 북부 공화당 급진파의 반대에도 남부 '전범자'에 대한 대대적인 사면을 통해 국민통합을 꾀했다. 남부인들이 남북전쟁을 '잃어버린 이상the Lost Cause'으로 여기며 남북전쟁을 정당화했지만, 그랜트는 그러한 움직임에 민감하게 반응하지 않았다. 오히려 그는 그러한 남부의 정서를 수용했다. 그랜트에게는 이전의 북군이든 남군이든 다 같은 애국자였다.

그렇지만 그랜트 대통령은 자유와 평등의 미국적 가치를 지키기 위해서 최선을 다했다. 그는 헌법수정안 제15조를 통과시켜 흑인참정권을 보장했고, 흑인들의 실질적인 자유를 집요하게 침해하고 훼손하던 백인 우월주의 집단인 큐 클럭스 클랜KKK이 준동하지 못하도록 법적·물리적 제제를 가했다. 그의 노력으로 큐 클럭스 클랜은 20세기 초까지 힘을 쓰

THE END

그랜트 대통령은 자유와 평등이라는 미국적 가치를 지키기 위해서 최선을 다했다. 특히 흑인들의 실질적인 자유를 침해하던 백인 우월주의 집단인 큐 클럭스 클랜(KKK)이 준동하지 못하도록 법적·물리적 제재를 가했다.

지 못했다. 그랜트는 원칙에 냉철했고, 가치에 헌신했지만, 사람에게는 관대했다.

훗날 그랜트는 아포메톡스 항복조인식을 전쟁을 마무리하는 의식이 아니라, 화해와 국민통합의 시작점으로 여겼다고 회고했다. 링컨이 암살당하면서 통일 이후의 미국은 정치적으로나 정서적으로 또다시 위기의 세월을 맞게 되었다. 그랜트를 대통령으로 밀었던 공화당 급진주의자들은 그가 전투에서 보여주었듯이 패배한 남부를 엄하게 다스리며 나라의 기강을 바로잡기를 원했다. 하지만 그랜트는 그가 아포메톡스에서 보여주었던 마음과 태도로 패배한 남부를 끌어안았다.

진정으로 용서forgive한다는 것은 진심으로 과거를 잊는forget 것에서 출발한다. 통일 이후 미국이 성공할 수 있었던 것은 링컨과 그의 후임 대통령들이 관용의 품격을 발휘했기 때문이다. 승자의 관용은 모든 것을 덮을 수 있었고, 미국을 하나로 결집하게 만들 수 있었다. 미국사의 가장 큰 위기는 이러한 관용의 품격으로 극복되었다.

우드로 윌슨
Woodrow wilson

세계 시민으로
행동하라

20세기 최초의 글로벌 리더[13]

19세기 후반에 격화되었던 제국주의 경쟁은 고삐 풀린 말처럼 과도한 민족주의 대결로 치닫고 있었다. 영국은 '해가 지지 않는' 제국의 광대함과 광휘를 더욱 찬란하게 드러내려 했고, 독일은 제국주의 후발주자로서 게르만족의 자존심을 걸고 영국에 도전장을 내밀었다. 유럽의 크고 작은 국가들은 '대경쟁시대'에서 민족의 자존심을 세우거나 혹은 지키기 위해서 서로가 얽히고설킨 관계를 형성했다. 인간 역사에서 그 유래를 찾을 수 없는 대형 재앙의 뇌관이 장착되었다.

뇌관은 결국 터지고 말았다. 1914년에 발발한 제1차 세계대전은 군인 전사자 900만 명, 민간인 희생자만 무려 1,000만 명에 육박한 처참한 재앙이었다. 미국은 유럽에서 전쟁이 시작된 지 3년 후인 1917년 4월이 되어서야 참전했다. 윌슨 대통령은 단순히 미국과 독일의 이해관계나 양국 국민의 감정적인 대결의 결과가 아니라 세계사적 조류에 대항해서 그것을 바로잡는 선지자적 사명감 때문에 참전한다고 밝혔다. 미국의 참전은 곧 세계 민주주의를 안전하게 지키기 위함이며, 약하고 억압받는 민족들의 정의와 자유를 위함이며, 세계 모든 나라의 자유와 평화를 위함이라는 것이다.

윌슨의 이러한 이상은 평화로 가는 과정에서도 그대로 적용되었다. 그는 "승리 없는 평화"를 내걸었고, 그 전제 조건으로 유명한 '14개 조항' 원칙을 내세웠다. 이 원칙에서 윌슨은 투명하고 자유롭고 공정한 국가 간의 교류 원칙을 내세웠고, 정치적 독립과 영토 통합의 상호 보장을 크고 작은 국가에 똑같이 허용하는 민족자결주의 원칙, 그리고 이러한 원칙을 성사시킬 항구적인 국제연맹League of Nations 창설을 주창했다.

4년여의 전쟁 끝에 평화조약은 체결되었지만, 윌슨의 이상주의적 원칙은 유럽의 실리주의 이해관계에 기초한 관습과 인습의 성벽을 허물기에 역부족이었다. 베르사유 조약은 제2차 세계대전의 빌미를 제공했던 실패한 조약이 되고 말았다. 결과적으로 냉혹한 국제질서의 흐름을 바꾸지 못한 윌슨의 외교는 실패했다. 하지만 더 큰 틀에서 보면, 윌슨의 이상주의 외교는 세계사의 혁명이었다. 민족자결주의는 식민 치하에서 신음하는 많은 민족들에게 희망을 주었다. 제2차 세계대전이 종결되면서 월

미국 의회에서 '14개조 평화원칙'을 발표하는 윌슨 1918년 발표한 '14개조 평화원칙'은 국가 간의 공명한 정치·통상·군사 협의, 식민지와 민족문제에 대한 합리적인 해결, 민족자결권 정착, 국제연맹 창설 등을 포함했다.

슨이 마무리하지 못했던 국제연맹은 국제연합이라는 체제로 거듭났다.

돌이켜보면, 제1차 세계대전의 비극은 분명 제국주의 경쟁 때문이었고, 미국이라고 이러한 제국주의적 흐름에서 비켜나 있지는 않았다. 영국의 시인 조지프 키플링Joseph R. Kipling의 '백인의 짐White Men's Burden'은 미국인들의 의식에서도 뿌리 깊게 자리하고 있었다. 앵글로색슨-프로테스탄트의 우월감은 미국의 대륙 팽창 과정에서 이미 '명백한 운명Manifest Destiny'이라는 슬로건으로 드러났으며, 20세기 초반에도 이러한 정서는 계속되었다.

인종 및 민족주의적 우월의식에 뿌리를 내리고 있는 제국주의의 본질에서 유럽 열강과 미국의 세계관에 별 차이가 없다면, 미국이 유럽의 제국주의 전통을 깨고 세계질서의 새로운 패러다임을 제시하게 된 이유가 뭘까? 그것은 바로 품격의 차이에 있다. 베르사유 회담에서 그 누구도 제국주의 세계 구도를 타파하려고 하지 않았다. 유럽 지도자들은 민족 자결주의를 윌슨의 순진한 망상으로 받아들였다. 영국의 데이비드 조지 David L. George 수상은 마치 "예수 그리스도 옆에 앉아 있는 것 같다"고 하면서 윌슨의 존재를 불편해했다. 제1차 세계대전에 관여했던 유럽 지도자들이 시대의 환경에 매몰되거나 아니면 그 환경을 부추기는 사람들이었다면, 윌슨은 그 시대의 조류에 정면으로 맞서면서 그것을 이상적 방향으로 돌리려고 했던 지도자였다.

최초의 세계대전은 국제관계의 새로운 패러다임을 요구했다. 윌슨은 한 나라의 대통령으로서가 아니라 기존의 관습과 인습의 껍데기를 부수고 세계질서의 새로운 이상을 제시한 20세기 최초의 글로벌 리더였다. 그래서 어느 학자는 윌슨 이후의 시대를 "윌슨의 세기"라고 명명했다. 메마른 실리주의 질서 속에서도 윌슨의 이상주의가 면면히 이어져 내려왔기 때문이다. 리더는 냉혹한 현실감각이 있어야 하지만, 위대한 리더는 올곧은 이상과 정신까지 갖추어야 한다.

포용과 관용의 외교는 이상적인 것인가

전쟁 중에 사람은 이성보다 감성의 울타리에 갇히게 마련이다. 미국이 제1차 세계대전에 참전하면서 독일은 미국의 적이 되었다. 미국인들에게 전달되는 적의 모습은 사람이 아닌 괴물이었다. 독일군의 만행에 대한 유언비어가 난무했다. 독일군이 장난삼아 갓난아이들의 손을 자르고, 임산부의 가슴을 도려낸다는 소문이 파다했다. 미국이 참전하기 전부터 미국인들은 독일군의 만행에 치를 떨고 있었다.

참전국들은 라디오, 무성영화, 포스터 등 갖가지 선전도구들을 이용해서 국민을 자극했다. 미국 정부 역시 지원병 모집이나 전쟁 채권 판매를 위해서 전쟁 선전물 제작과 유포에 열을 올렸다. 독일은 야만의 상징이었고, 미국은 그 야만을 응징해야 하는 문명의 십자군이었다.

윌슨 대통령은 미국이 전쟁에 참전한 이상 단순히 야만에 대한 응징을 뛰어넘어 야만의 뿌리를 제거함으로써 다시는 그러한 야만이 인간 세상을 괴롭히지 못하게 하는 계기로 삼고자 했다. 1918년 1월, 윌슨은 미국 의회에서 세계질서를 바로잡기 위한 '14개조 평화원칙'을 발표했다. 그 원칙은 국가 간의 공명한 정치·통상·군사 협의, 식민지와 민족 문제에 대한 합리적인 해결, 민족자결권 정착, 국제연맹 창설이었다. 윌슨은 결코 독일에 대한 적대감이 없으며 독일이 갖는 국제적 위상을 존중한다는 점을 명시했다. 다만 14개조 평화원칙을 통해서 정의, 법, 공평한 분배를 지켜 모든 국가와 민족이 정당하고 평화로운 관계를 유지하는 것이 궁극적인 목적이라고 밝혔다.

분노와 증오, 복수의 감정이 팽배하던 전쟁 와중에 발표된 윌슨의 메시지는 독일로 하여금 평화협상에 나오게 하는 결정적인 외부적 계기가 되었다. 오랜 전쟁으로 독일 국민은 지쳐 있었고, 미국이 참전하는 순간 독일은 그들이 승리할 가능성이 없다고 판단했다. 1918년 10월, 독일은

14개 조항을 받아들일 용의가 있다고 선언했다. 그러나 영국과 프랑스를 비롯한 연합국은 이러한 평화협상이 달갑지 않았다. 그들은 미국의 참전으로 전세가 그들에게 유리한 상황이기에 섣부른 평화를 원치 않았다. 독일과 그 동맹국이 군사적으로 완전히 패배할 때까지 전쟁을 계속하길 원했던 것이다. 그래야만 그들의 의도대로 전후 세계를 재편성할 수 있었기 때문이다. 하지만 윌슨이 볼 때 이 전쟁은 인류에게 더 큰 재앙을 가져올 것이었다. 이미 민족적 감정의 골이 너무 깊은 상태에서 전쟁이 발발했고, 전쟁은 인류가 그동안 경험하지 못한 끔찍한 대량 살육을 경험했기에, 전쟁 당사자들에게 전쟁 종결의 조건을 맡기는 것은 일방적으로 다른 한쪽에게 해를 가하는 보복이 될 가능성이 크다고 보았다. 그래서 윌슨은 만약 영국과 프랑스가 평화회담을 거부하면 독일과 미국만 따로 평화협상을 할 수 있다고 으름장을 놓으며, 연합국의 참여를 유도했다.[14]

연합국 지도자들은 승전의 일등공신인 미국과 미국의 대통령이 차지하는 무게를 거부할 수가 없었기에, 협상에 참여할 수밖에 없었다. 다만 그들은 평화의 떡을 자국의 이해관계에 유리하게 자르기 위해 필사적으로 외교력을 펼쳤다. 여기에 국민의 감정이 더해지면서 파리 평화회담은 이성적 합의보다는 민족적 자존심이 지배했다. 오랫동안 유럽 질서의 원칙이었던 '힘의 균형balance of power' 정신은 사라졌고, 패전국에 대한 준엄한 심판의 목소리가 커졌다. 그 과정에서 각국 대표자들은 각자의 이득을 챙기는데 분주했다. 영국의 조지 수상이 회고했듯이 그를 포함해서 연합국 지도자들은 개인적으로는 윌슨의 이상을 거부하지는 않았지만, "그들 국민이 허용하는 그러한 제한된 범위 안에서 행동"해야 했기에 윌슨과의 마찰은 어쩔 수 없었다.[15] 연합국 국민의 독일에 대한 분노와 이에 따른 복수심은 하늘을 찌르고 있었다. 윌슨은 오직 미국인들만이 "평화회담에서 이해관계에 연연하지 않는" 국민이었다고 판단했다. 그런 미국인들을 대표하는 그가 국가 간의 이익을 초월해서 "세계의 도덕적 힘"을 평화조약에 새겨넣어야 한다고 다짐했다.[16]

　참전 국가들의 복잡한 이해관계를 고려할 때 윌슨의 14개조 평화원칙에 근거한 평화협상은 애초부터 불협화의 연속일 수밖에 없었다. 미국 역사상 최초로 유럽을 방문한 미국 대통령에게 유럽 사람들은 열렬한 환호를 보냈지만, 협상 테이블에서 유럽 지도자들은 윌슨을 세상 물정을 모르는 순진무구한 이상주의자로 취급했다. 회담은 주로 영국의 조지 수상과 프랑스의 클레망소 수상이 주도했다. 윌슨은 이들 연합국 지도자들이 독일을 비롯한 패전국에 부과한 전쟁배상금이나 기타 영토 문제에 대한 처리가 14개조의 기본정신에 어긋난다고 생각했지만 그가 유럽의 국제질서의 역학관계를 깨기에는 한계가 있었다. 식민지 처리 문제에서도 윌슨이 할 수 있는 일은 극히 제한적이었다. 그는 유럽 열강의 무분별한 식민지 경쟁이 전쟁 발발의 중요한 원인으로 보고, 전쟁을 계기로 이러한 식민주의가 청산되길 원했지만, 그것은 윌슨의 희망사항일 뿐이었다.

　그럼 왜 윌슨은 결국 영국과 프랑스가 의도한 대로 평화협상에 협조할 수밖에 없었는가? 그것은 그가 무엇보다도 소중하게 생각한 국제연맹의 창설 때문이었다. 국제연맹은 윌슨의 작품이었다. 윌슨은 평화협상이 그가 의도한 대로 마무리되지 않더라도 국제연맹만 출범할 수 있다면 세계 평화가 정착될 수 있으리라 믿었다. 그래서 어차피 서로의 이해관계 때문에 모든 부분에서 윌슨의 뜻대로 평화협상이 체결되지 못할 바에는 참가국들이 국제연맹 창설에 동의한다는 것으로 만족할 수밖에 없었다.

다만 중국문제에서 윌슨은 끝까지 그의 주장을 관철하고자 노력했다. 파리 평화회담에서 윌슨은 유럽 열강의 이해관계가 첨예하게 얽힌 유럽문제라든가 아프리카와 중동의 식민지문제보다는 중국문제 때문에 곤란해했다. 당시 일본은 독일의 교차지였던 중국의 산둥반도를 차지하기 위해 총력을 다해서 외교력을 쏟았다. 윌슨은 제1차 세계대전 참전국 가운데 피해가 가장 적었던 일본이 독일의 아시아 식민지를 요구하는 것을 이해할 수 없었다. 영국과 프랑스도 처음에는 윌슨과 같은 생각이었다. 자국의 요구가 받아들여지지 않자 1919년 4월 17일, 일본 대표단은 돌연 회담을 중단했다. 파리 평화회담은 마지막 순간까지 난관에 부딪혔다.

일본의 태도는 평화회담 마무리에 치명적이었다. 이미 그해 4월 초 이탈리아의 오를란도 수상이 회담장을 박차고 나가 귀국해버리면서 전체 회담 분위기에 찬물을 끼얹은 일이 있었다. 오를란도는 아드리아 해 북서부에 위치한 피우메Fiume 소유권에 대해 윌슨이 완강하게 거부하자 회담에서 철수했던 것이다. 이러한 상황에서 일본까지 회담을 거부한다면 평화협정 전체의 신뢰성에 치명적인 타격을 입을 수밖에 없었다. 윌슨은 결국 일본의 요구를 수용했다. 처음에 그와 같은 입장이었던 영국과

1919년 베르사유 조약을 체결한 전승국 대표들 31개 연합국과 독일은 평화조약을 맺고 제1차 세계대전을 공식적으로 종결했다. 하지만 이 조약은 제2차 세계대전이라는 또 다른 재앙을 잉태하고 말았다.

프랑스가 일본과 비밀 협상을 통해 일본의 요구를 들어주기로 했기 때문이다. 영국과 프랑스의 태도가 돌변한 이유는 역시 자국의 이해관계였다. 영국과 프랑스는 그들의 이해관계에 큰 위치를 차지하지 않았던 중국과 태평양에서 독일의 소유권을 일본에 넘겨주고, 대신 다른 지역에서 그들의 이익에 대한 일본의 도움이 필요했기 때문이었다.

더 이상 평화는 없다

결국 1919년 6월 28일, 베르사유 궁전 '거울의 방'에서 31개 연합국과 독일 사이에 평화조약이 체결되었다. 이 조약으로 제1차 세계대전은 공식적으로 종결되었지만, 또 다른 인류의 재앙을 잉태하고 말았다. 조약은 독일에 대한 보복 성격이 강했기에 독일은 분노했다. 독일은 주민과 영토 10퍼센트를 잃었고, 식민지 전체를 잃었다. 독일이 점유하고 있던 중국과 적도 이북의 태평양 해외 식민지는 일본의 관할로 넘어갔고 남태평양과 아프리카 동부 및 남서부는 영국의 식민지로, 콩고 이북의 서아프리카 지역은 프랑스령으로 넘어갔다. 무엇보다도 무려 330억 달러라는 천문학적인 배상금 액수와 그 규정은 독일인들에게 참을 수 없는 모멸감을 안겨주었다.

평화조약은 윌슨에게도 비극의 시작이었다. 미국이 국제연맹의 회원국에 가입하지 못하고 말았기 때문이다. 윌슨은 파리 회담에서도 외로운 평화의 사도였고, 미국에 돌아와서도 고립무원에 빠졌다. 베르사유 조약이 체결되기 일주일 전에 치러진 미국의 중간선거에서 공화당이 압승을 거뒀다. 1916년 대통령 선거에서 근소한 차이로 민주당에 패배한 공화당은 패배의 이유가 그들이 민주당의 외교정책을 적극적으로 비판하지 않았던 것에 있다고 보았다. 당시 민주당은 선거구호로 윌슨이 "미국을 전쟁으로부터 벗어나게 했다"고 선전했고, 그것은 윌슨이 재선되는 데 가장 큰 효과를 발휘했다. 하지만 윌슨이 재선된 지 얼마 되지 않아 미국이 참전한 것이다. 유럽 제국주의 이권을 해결하지 못하고 오히려 그것에 말려들었다고 하면서 공화당은 윌슨의 외교를 비판했다.

의회의 벽에 부딪힌 윌슨은 전국을 돌며 국민에게 호소했지만, 이미 힘의 역학은 공화당 쪽으로 기울었다. 상원이 미국의 국제연맹 가입을 거부해버렸다. 미국이 회원국에서 빠진 국제연맹이란 허수아비와 같은 존재였기에 윌슨이 추구했던 세계 평화라는 이상을 완전히 물거품으로 만드는 것이었다.

1920년 대통령 선거에서는 민주당이 참패했다. 국제연맹은 여전히 선거에서 가장 중요한 쟁점이었다. 민주당 후보는 윌슨의 뜻을 받들어 국제연맹의 중요성을 재차 강조했다. 하지만 공화당 후보 워런 하딩 Warren G. Harding이 "다시 정상적인 생활로 돌아가자"고 외치면서 더 큰 호응을 받았다. 국민은 어느 역사가의 진단처럼 "오만한 천재성보다는 겸손한 평범함, 엄격한 지성주의보다는 따뜻한 휴머니티, 격렬한 이상주의보다는 온화한 현실주의"를 선택했다.[17] 윌슨의 이상주의는 종식되었고, 미국 역사상 가장 강력한 고립주의 정서가 1920~30년대 미국을 휩쓸었다. 낙심한 윌슨은 상원의 국제연맹 비준을 위해 몸부림치다가 건강까지 망가졌다. 이후 그는 건강을 회복하지 못하고 1924년 세상을 뜨고 말았다.

제1차 세계대전에서 윌슨이 보여주었던 독일에 대한 포용과 관용의 정책은 실패로 돌아갔고, 윌슨의 이상주의는 결과적으로 다가오는 제2차 세계대전의 빌미를 제공하고 말았다. '승리 없는 평화'를 주창했고, 14개조 평화원칙을 통해 패자를 포용하려던 윌슨의 이상주의 메아리는 허공만 맴돌았다. 식민주의는 계속되었고, 미국 없는 국제연맹은 이름뿐이었다. 힘없는 자들에 대한 힘 있는 자들의 착취는 계속되었고, 제국주의는 고삐 풀린 말처럼 세계의 황야를 휘저었다. 분노와 증오심으로 불탄 독일은 결국 그들을 구원할 악마를 출산하고 말았다.

　윌슨의 이상주의는 분명 실패했다. 그것이 윌슨의 책임이든 역사의 운명이든 인류는 유사 이래 최악의 재앙으로 치닫고 있었다. 20세기 전반은 '신이 잠들었던 시기'였다. 윌슨주의도 잠들었다. 그러나 윌슨주의의 그루터기는 희미하게나마 살아남았다. 1920년 대통령 선거에서 부통령 후보였던 루스벨트는 윌슨의 이상을 가슴에 품고 있었다. 그러다 훗날 그의 시대가 오자, 그 이상을 다시 국제연합으로 부활시켰다. 루스벨트 이후에도 윌슨의 이상주의는 거듭 재현되었다. 삭막한 현실주의에 기초한 국제질서에 윌슨주의는 계속 출몰했다. 그래서 윌슨을 "실천적인 선각자"로 평가한 어느 학자의 진단은 과장이 아니다.[18]

프랭클린 루스벨트
Franklin Roosevelt

가장 소외받는 이들의 곁에 서라

아메리카 원주민을 포용하다

아메리카 원주민은 인류사에서 가장 비극적 운명의 주인공이다. 미국의 경우 이들의 슬픈 운명은 더욱 안타깝게 부각된다. 그들의 땅을 차지한 백인 미국인들의 운명은 시간이 지나면서 찬란한 성공 신화로 자리 잡아갔지만, 인디언들의 운명은 정반대의 방향으로 가고 있었다.

미합중국이 들어서면서 미국 인디언들의 비극이 본격적으로 시작되었다. 그전에는 인디언들 나름대로 물리적 투쟁과 외교력을 발휘해서 그들의 위치를 지킬 수 있는 여력이 있었다. 영국은 아메리카 식민지인들이 너무 공격적으로 인디언 지역을 탐내지 못하도록 했다. 그러나 영국과 아메리카 식민지가 프랑스와 전쟁을 벌이자 인디언들은 프랑스와 동맹을 체결해서 프랑스와 연합전선을 펼쳤다. 미국이 독립하자 인디언들은 영국과 가까워졌고 서로 주요 무역 상대자가 되었다. 그러나 시간이 지나면서 미국이 독립국가로 정착되자 인디언들은 벼랑 끝에 몰리게 되었다. 미국인들은 적극적으로 서부로 진출하면서 인디언들의 삶의 터전을 조금씩 빼앗았다. 인디언들은 이제 원군을 찾기도 힘들었다. 미국인들은 서부의 팽창이 신이 그들에게 제공한 '명백한 운명'이라고 합리화했지만, 그것은 인디언들의 삶과 가치를 앗아가 버린 침략자의 이데올로기일 뿐이었다.

미국에서 차지하는 인디언들의 법적 지위나 위상은 시작부터 애매했다. 미국 헌법은 인디언을 미국 시민으로 규정하지 않았다. 인디언은 미국과의 통상이나 조약 체결 등에서 일종의 다른 외국 국가들처럼 연방 헌법에 따라 제한을 받게 되어 있었다. 다시 말해, 그들은 미국 영토에 살고 있지만 일종의 '국가 속의 국가a nation within a nation'인 셈이다. 미국 '건국의 아버지들'은 인디언들을 미국인들과 섞일 수 없는, 혹은 섞여서는 안 될 사람들로 여겼다. 이것은 미국 정부가 이후에도 지속적으로 가졌던 기본적인 입장이었다. 미국인들은 필요하면 인디언들을 밀어낼 뿐이었지 미국 문명 안으로 끌어들이려고 하지 않았다. 밀어낸 인디언들을 그들만의 영역, 즉 '보호구역'이란 명목으로 가둬두었다. 이것이 19세기 후반까지 미국 정부가 취한 인디언 정책의 기본틀이었다.

19세기 후반에 이러한 정책에 변화가 일어났다. 1887년 연방 의회는 이른바 '도스 법Dawes Act'을 채택했다. 이 법의 골자는 인디언 보호구역의 토지를 세분해 인디언 개인 혹은 가족에게 개인소유로 할당해주며, 그 토지는 25년간 미국 정부의 신탁에 둔다는 것이었다. 미국 정부는 이 법으로 인디언들을 미국 문화와 사회에 동화시키려는 의도를 갖고 있었다. 하지만 도스 법은 인디언 사회에 더 큰 문제를 안겨주었다. 토지의 사유화 개념은 인디언들에게 생소한 것이었을 뿐만 아니라, 그들의 가치관에도 맞지 않았다. 사유재산의 개념을 인디언들에게 주입해서 인디언들을 미국의 자본주의 문화에 동화시키려는 시도는 인디언 사회 전반에 치명적인 부작용을 낳고 말았다. 인디언들은 결과적으로 더 많은 땅을 백인들에게 빼앗겼고, 그들의 사회와 문화는 황폐해졌다.

이러한 도스 법의 폐해가 일반 미국인들에게 서서히 알려지게 되면서 화제가 되자 정부는 1926년 루이스 메리엄Lewis Meriam을 팀장으로 임명하고, 인디언 조사팀을 구성해서 도스 법 시행의 문제를 파악하도록 했다. 그리하여 1928년 2월, 이른바 '메리엄 보고서'가 발표되었다. 이 보고서는 정부의 의도나 정당, 기관, 기업의 이해관계에 얽매이지 않고 객관적·사실적으로 인디언 문제를 보고했다. 또한 도스 법이 가져온 인디언 보호구역의 전반적인 황폐화와 이와 관련된 인디언들의 빈곤과 질병, 그에 따른 높은 사망률, 인디언 부락에 세워진 연방 공립학교의 문제점 등을 샅샅이 들춰냈다.

하지만 문제는 이 보고서가 발표된 시기였다. 메리엄 보고서에 따라 정부가 인디언 문제에 관심을 보이려는 움직임이 태동하는 순간, 대공황이 일어나고 말았다. 미국 자본주의 근간을 뒤흔들었던 세기적·세계

해럴드 아이크스 내무장관과 인디언들이 '인디언 재조직법' 문서를 함께 들고 있는 모습 루스벨트는 집권 후 가장 먼저 인디언 문제의 해결책을 강구했으며, 1934년 '인디언 재조직법'을 마련해 인디언들이 그들의 전통과 문화를 지켜가도록 배려했다.

적인 공황의 혼란 속에서, 인디언이나 기타 소수민족의 문제는 더 이상 정부나 국민의 관심을 끌기에 어려울 수밖에 없었다.

1932년 대공황을 극복하기 위해 '뉴딜'을 외치며 프랭클린 루스벨트가 대통령에 당선되었다. 뉴딜의 핵심 개념은 구제relief, 재생recovery, 개혁reform이었지만 이는 백인 미국인들을 겨냥한 개념이었지, 인디언들은 일차적인 대상이 아니었다. 그럼에도 루스벨트는 집권 후 가장 먼저 인디언 문제의 해결책을 강구하기 시작했다. 대공황 속에서 인디언 문제는 세인들의 관심에서 벗어나 있었지만, 루스벨트는 그것을 그의 뉴딜 정책의 핵심 개념이었던 '구제, 재생, 개혁'의 대상으로 포함시켰다.

루스벨트는 정부 산하의 '인디언 사무국'의 새로운 국장으로 존 콜리어John Collier를 임명해서 인디언 문제를 해결할 수 있는 최고의 방안을 강구하게 했고, 그로 인해 1934년 '인디언 재조직법Indian Reorganization Act'이 탄생했다. '인디언 뉴딜 법'이라고 하는 이 법에 의해서 도스 법 시행은 중단되고, 연방정부가 주도했던 일체의 인디언 동화정책이 중단되었다. 이 법은 인디언 부족 자체적으로 그들의 공동체 개혁을 추진하게끔 했다. 이는 미국 역사상 최초로 인디언들이 그들의 전통과 문화를 지켜가도록 배려한 정책이었다. 물론 이러한 정책 변화로 인디언들의 생활 환경이나 복지가 하루아침에 개선되지는 않았지만, 그동안 백인들의 문화적 가치에 기초하며 중앙정부 중심으로 진행되었던 인디언 정책은 중단되었다. 이제 인디언들의 가치 기준에 의해서 인디언 스스로 개혁을 주도하게 되었다. 미국 원주민권리기금의 어느 관리자가 얘기했듯이 인디언 재조직법에서 나타난 인디언 뉴딜은 "완전하지는 않았지만" 그것이 "인디언 주권의 침식으로부터 이것의 복구와 재생으로 변화"시킨 점으로 볼 때 인디언에게 유익한 것이었다.[19]

흑인도 백인과 같은 국민이다

미국 흑인들은 오랫동안 '미국인 아닌 미국인'이었다. 실질적인 이유야 어떻든 간에 미국은 흑인 노예문제로 남북전쟁이라는 연방 최대의 불행을 겪었고, 노예는 해방되었다. 그리고 흑인들은 시민권과 참정권을 획득했고, 그들의 법적인 지위는 다른 미국인들과 동등한 위치에 서게 되었다.

하지만 흑인들은 법에서 보장한 대우를 받지 못했다. 1867년 테네시에서 조직된 큐 클럭스 클랜 등 인종차별주의자들은 법의 테두리를 무시하고 마음대로 흑인들의 인권을 유린했다. 흑인 남성들은 참정권을 부여받았음에도 이들 폭력단체들의 위협으로 인해 마음 놓고 참정권을 행사할 수 없었다. 대부분의 남부 주들은 '짐 크로Jim Crow 법'을 통과시켜 흑인들은 백인들로부터 "분리되었지만 동등하다separate but equal"는 법적 합리화를 통해서 흑백분리정책을 정착시켰다. 의회와 국민도 시간이 지나면서 재건 문제나 흑인 민권에 대한 관심을 두지 않았다. 19세기 후반은 산업화의 시대였다. 국민의 주요 관심사는 산업화 또는 이와 관련된 문제들이었다. 흑인들은 이러한 사회적 분위기에서 또다시 '미국인 아닌 미국인'으로 차별과 편견의 대상으로 남았고, 이전 노예시대와 별반 다를 바 없이 가난과 빈곤에 허덕일 뿐이었다.

이러한 추세를 루스벨트가 바꿨다. 뉴딜정책은 흑인들을 포함했다. 뉴딜정책을 추진하는 정부 각료들과 공무원에 흑인이 포함되었으며, 뉴딜정책의 수혜자에 흑인들도 포함되었다. 이른바 '흑인 내각'과 '흑인 브레인 트러스트brain trust'라는 별칭을 가진 흑인 엘리트 그룹들이 정부 산하의 각종 기관에서 흑인들의 권익을 신장하기 위해 노력을 기울였다. 루스벨트는 최초로 흑인을 연방 판사로 임명했고, 흑인 군인을 장군으로 임명했다. 그는 남부에서 공공연히 행해진 린치lynch를 '살인'으로 규정했던 최초의 대통령이었다.

각종 뉴딜 프로그램에서 흑인들도 혜택을 받을 수 있었다. 사업추진청WPA은 연간 35만 명의 흑인을 고용했는데, 이는 전체 고용자의 15퍼센트에 해당되었다. 민간자원보전단은 시작 첫 해인 1933년에 3퍼센트의 흑인을 참여시켰고, 1938년에는 11퍼센트로 참여율을 높였다. 전국청년기구NYC는 다른 어떤 연방 기구보다도 더 많은 흑인들을 고용했다. 특히 전국청년기구는 흑인 감시관들을 두어서 30만 명이 넘는 젊은 흑인 고용자들이 정당한 대우를 받는지 살펴보도록 했다. 1934년에 공공사업청PWA은 일정 비율의 흑인들을 계약해야 한다는 내용을 정관에 추가함으로써 흑인들이 계속해서 고용을 보장받도록 하는 법적인 장치를 마련하기도 했다. 또한 연방작가 프로젝트 등 문화예술 사업 등에도 흑인들이 참여하게 되었다.

제1장에서 언급했듯이, 루스벨트는 미국 역사상 최악의 경제공황을 맞아, 경제적 부흥 못지않게 미국의 전통과 문화에 대한 자긍심을 부활시키는 데 심혈을 기울였다. 연방작가 프로젝트는 그중에 하나였다. 이 프로젝트는 특히 흑인들에게 중요한 의미를 담고 있다. 그동안 흑인문제는 흑인들의 정치적 · 사회적 · 경제적 복리 증진과 인권 신장에 초점이 맞춰져 있었기 때문에, 흑인들의 문화적 유산은 거의 관심 받지 못하고 있었다. 그러던 차에 연방작가 프로젝트에 참여한 수많은 흑인과 백인 작가 덕분에 노예시대 흑인들의 문화를 포함한 흑인 문화유산에 대한 대대적인 발굴 및 보존 작업이 진행되었다. 이뿐 아니라 연방음악 프로젝트, 연방연극 프로젝트 등에 흑인 예술가들이 참여함으로써 흑인들

뉴딜정책의 일환인 테네시 강 댐 건설현장에서 일하는 흑인 노동자 루스벨트가 강조한 뉴딜의 핵심 개념은 구제, 재생, 개혁이었다. 처음에는 백인 미국인들을 겨냥해 만든 이 정책은 나중에 세간의 관심을 받지 못하던 인디언들과 흑인들까지 그 대상에 포함시켰다.

이 그들의 예술과 문화를 계승하고 발전시키는 계기가 되었다. 또한 뉴딜 교육 프로그램으로 100만 명 이상의 문맹 흑인들이 읽고 쓰는 능력을 갖게 되었다.

물론 루스벨트의 뉴딜로 말미암아 흑인들의 생활수준이나 복리가 현저하게 증진된 것은 아니다. 미국 역사만큼 오래된 백인들의 인종차별이나 편견이 하루아침에 변할 수는 없었다. 루스벨트 자신도 흑인들에 대한 파격적인 처우개선을 실행할 수 없었다. 남부 민주당은 여전히 흑인차별주의를 내세웠기 때문에 루스벨트는 남부 민주당의 지지를 확보하기 위해서 그들을 자극하지 않으려고 애썼다. 뉴딜 구호 기구 안에서도 흑인들에 대한 차별이 계속되었다. 민간자원보전단에서 흑인들은 격리된 캠프에서 기거했으며, 각종 기구에 고용된 흑인들은 임금에서도 백인들과 차별된 대우를 받았다. 제1차 세계대전이 발발하면서 흑인들의 고용은 더욱 늘어났고, 특히 흑인들의 군복무가 늘어났지만, 흑인들은 군대에서 차별을 받았다. 해병대나 공군에서는 아예 흑인들의 지원을 받지 않았다.

그럼에도 루스벨트는 흑인 민권 향상에 획기적인 전환점을 제공했다. 대공황을 겪으면서 대부분의 미국인들은 흑인들에게 관심을 두지 않았다. 인디언들이 그랬듯이 흑인들에게도 대공황은 그렇게 큰 문제처럼 다가오지 않았다. 흑인들은 항상 대공황 같은 시대를 살았기 때문이었다. 흑인들에게 관심을 보이는 것은 정치적으로도 이득이 되지 않았다. 루스벨트로 인해 흑인들은 기존의 공화당에서 민주당 성향으로 전환했지만 민주당에서는 여전히 흑인들의 표보다는 흑인차별주의를 지지하는 백인들의 표가 더 중요했고, 그 영향력이 컸다. 하지만 그는 대공황이라는 국가적 위기를 극복하는 일에 흑인들을 포함시켰다. 그는 흑인들을 뉴딜 프로그램에 참가시켰으며, 흑인들을 정부 관직에 임명했다. 그리고 각종 문화예술 사업에도 흑인들을 참가시킴으로써, 흑인들이 그들의 문화적 유산에 자긍심을 갖는 토대를 마련했다. 그들의 문화적 유산은 곧 미국의 문화적 유산이었기 때문이었다.

미국 자본주의 최대의 위기를 맞아, 루스벨트는 위기를 기회로 삼았다. 루스벨트가 취한 흑인 포용정책은 미국이 인종을 초월해서 하나의 미국으로 나아가는 귀중한 계기가 되었다. 남부 백인 우월주의자들이 '자유'라는 명목 아래 그들 임의대로 흑인들의 자유를 유린했던 미국의 오랜 자유민주주의의 왜곡된 전통을 루스벨트가 연방 차원에서 간섭하고 시정했던 것이다. 루스벨트는 대대적인 뉴딜정책으로 연방정부의 역할과 규모를 획기적으로 확장시켰다. '작은 정부' 주도의 오랜 전통이 사라지고, '큰 정부' 주도의 새로운 민주주의가 도래하기 시작했다. 그러한 변화가 단순히 정부의 효율성에 대한 변화가 아니라, 모든 미국인을 포용하면서 '큰 민주주의'를 시도했다는 점에서 그 의의가 크다. 이보다 더 큰 의의는 그동안 '미국인 아닌 미국인'으로 소외되었던 흑인들이 처음으로 연방정부와 소통할 수 있게 되었으며, 이를 통해 그들이 이제 미국인의 하나로서 자긍심을 갖는 계기가 되었다는 데 있다.

부딪쳐 깨질 것인가, 끌어안고 나아갈 것인가[20]

1943년 11월, 소련의 스탈린, 영국의 처칠, 미국의 루스벨트가 이란의 테헤란에서 만났다. 제2차 세계대전 중 연합 3국 정상이 최초로 한자리에 만난 역사적인 순간이었다. 하지만 '테헤란 회담'은 시작부터 난관에 부딪혔다. 독일이라는 공동의 적을 물리쳐야 한다는 점을 제외하고 세 정상은 각기 서로 다른 생각과 야망을 품고 회담에 참가했기 때문이다.

스탈린의 최대 관심은 영미 연합군이 서유럽에서 '제2전선'을 하루빨리 구축하는 것이었다. 전선이 서유럽에 집중되어야 동부 전선에서 허덕이고 있는 소련이 한시름 놓을 수 있기 때문이다. 소련은 그해 겨울에 끝난, 단일 전투로는 역사상 최대 규모였으며 무려 200만 명의 인명피해를 냈던 스탈린그라드 전투에서 승리했다. 그러나 동부 전선에서 여전히 독일과 사투를 벌이고 있었다.

처칠의 입장은 스탈린과 정반대였다. 처칠은 '제2전선' 구축이 영국에게 치명적일 것으로 판단했다. 전선이 서유럽에 집중하는 동안, 스탈린은 동유럽뿐 아니라 오랫동안 영국 제국의 동맥이었던 지중해 지역을 장악해서 그곳에서 전후 소련의 영향력을 키울 것이기 때문이었다. 그래서 처칠은 '제2전선'보다는 지중해를 통해 이탈리아를 중심으로 유럽의 아래쪽부터 독일을 압박해야 한다고 주장했다.

루스벨트의 가장 큰 목표는 식민주의의 종식과 항구적 평화를 보장하는 국제기구의 탄생이었다. 그러는 한편 처칠과 스탈린의 대결에서 누구의 편을 들어야 하는지 고민했다. 식민주의 종식을 위해서는 처칠의 협조가 필요했고, 이데올로기를 초월한 국제연합의 탄생을 위해서는 스탈린의 협조가 필요했다. 결국 루스벨트는 누구의 손도 들어주지 않았다. 그 대신, 그는 '테헤란 회담'에서 스탈린과 개인적인 신뢰를 구축하는 것에 진력했다. 스탈린은 피해망상에 사로잡힌 사람이었다. 그는 처칠과 루스벨트가 그를 제외하고 전쟁 전략과 전후 세계질서를 구상하고 있다고 의심하고 있었으며, 그의 이러한 편집적인 피해망상은 전쟁 중 '빅 스리' 회담의 가장 큰 장애물이었다. 그래서 루스벨트는 '적과의 동침'을 선택했고, 특유의 유머감각을 발휘해서 얼음처럼 차가운 스탈린의 얼굴에서 웃음을 만들어냈고, 스탈린을 '조 아저씨Uncle Joe'라는 애칭으로 부르기까지 했다.

　루스벨트는 마지막까지 스탈린에게 신뢰감을 주려고 노력했다. 이에 대한 처칠의 반발이나 국내의 반발도 만만치 않았다. 그래도 루스벨트는 전쟁을 승리로 이끌기 위해서, 그리고 전후 평화로운 세계질서를 구축하기 위해서 스탈린을 포용해야 한다고 믿었다. 그는 스탈린과 처칠의 전후구상이 근본적으로 다르지 않다고 보았다. 발트 해 국가들과 폴란드를 포함한 동유럽에서 영향력을 행사하려는 스탈린의 속셈이나, 지중해를 비롯해 아프리카와 중동 등지에서 여전히 영국 제국주의를 유지하려는 처칠의 의도나 별반 차이가 없다고 보았던 것이다. 사실 루스벨트는 식민청산에 대한 전후구상에서 스탈린보다 처칠에게 불만이 더 많았다. 영국의 자존심 때문인지 식민 치하에 있던 민족의 전후 처리문제에서는 처칠이 가장 비협조적이었기 때문이었다.

　1945년 4월 12일, 전후 세계질서 구상을 놓고 처칠과 스탈린의 신경전이 최악으로 치닫고 있던 시점에 루스벨트는 세상을 하직하고 말았다. 얼마 후 제2차 세계대전은 끝났지만, '빅 스리'의 중재자였던 루스벨트가 사라지면서 세계는 또 다른 전쟁, 즉 총성 없는 차가운 전쟁Cold War의 소용돌이에 휘말리고 말았다.

　만약 루스벨트가 전쟁 중 다른 외교를 펼쳤다면, 혹은 그가 좀더 오래 살았더라면 세계사의 흐름이 어떻게 되었을까? 이런 역사의 가정은 긍정이든 부정이든 가지 않는 길에 대한 회한일 테지만, 대의를 위해서 이데올로기를 초월해 '적과의 동침'을 시도한 루스벨트가 가진 포용의 품격이 그의 죽음과 함께 사라져버린 것이 못내 아쉬울 뿐이다.

미국 역사에서는 '피의 흔적'이 보이지 않는다. 보통 혁명이나 내전이란 용어에는 피 냄새가 자욱하다. 즉 혁명이나 내전에는 승자와 패자가 있기 마련이고, 패자의 운명은 대체로 끔찍하게 귀결된다. 그런데 미국에는 그런 공식이 나타나지 않는다. 아메리카 식민지를 양분했던 독립혁명의 결과도 그러했고, 근대사에서 가장 참혹한 내전이었던 남북전쟁의 결과는 더더욱 그러했다.

만약 남북전쟁 후 이른바 철저한 '과거청산'을 시행했다면 이후 미국 역사가 어떻게 전개되었을까? 미국 건국 초기부터 연방의 통합을 방해했던 남북지역 문제가 단번에 해소되고, 노예해방과 더불어 흑인들에 대한 차별 및 편견이 단번에 사라지게 되었을까? 결코 그렇지 않았을 것이다. 미국을 참혹한 내전으로 몰아갔던 그 문제들의 핵심에는 제도적인 것보다는 인간의 감정이 깊게 자리 잡고 있었기 때문이었다. 그렇기 때문에 과거를 덮고 남부 지도자들에게 관용을 베풀며 남부를 포용했던 링컨의 품격은 미국이 비교적 빨리 지역정서를 극복하고 하나의 미국으로 통합해서 성공 신화를 창출한 배경이 되었다.

이러한 포용과 관용의 품격은 이후에도 계속되었다. 패자에게 관용을 베풀며 세계 평화의 새로운 패러다임을 제공하고자 했던 윌슨이 그러했고, 제2차 세계대전 이후 이데올로기를 초월해 세계 평화를 구축하려 했던 루스벨트에 의해서도 계속되었다. 인디언과 흑인 문제와 같은 소수민족의 문제도 큰 틀에서 보면 포용의 품격과 관련이 크다. 미국의 다문화주의는 보는 사람에 따라 평가가 엇갈릴 수 있다. 세계사에서 다문화주의를 만족스럽게 정착시킨 나라를 찾기란 어려우며, 이는 미국도 마찬가지다. 하지만 아직까지 다문화주의 문제가 미국 문명 전체를 뒤흔들지 못하는 이유는 미국 역사 곳곳에서 루스벨트가 보여주었던 포용의 품격이 있었기 때문이었다.

제 4 장

미래를 준비하는
대통령

미래지향적 품격은 어느 나라, 어느 시대를 막론하고 리더가 갖추어야 할 중요한 소양이다. 훌륭한 리더는 현실에 안주하지 않고 미래를 향한 비전을 제시하고 그 미래를 위해 준비할 수 있어야 한다. 이러한 미래지향적 품격은 대체로 국가의 체제가 안정된 후 발휘되는 것이 보통이다. 모든 점에서 불안정한 상태에서는 그러한 품격을 기대하기가 힘들다. 우선 현실의 위기를 극복하는 것이 급선무일 수밖에 없기 때문이다.

그런데 초기 미국을 이끌었던 대부분의 대통령들은 아직 미국의 체제가 정비되지 않아서 불안정할 때 그러한 미래지향적 품격을 발휘했다. 그 대표적인 예가 토머스 제퍼슨이다. 1800년 제퍼슨은 지역감정과 당쟁의 아귀다툼 속에서 대통령에 당선되었다. 국론은 분열되었고, 당쟁은 계속되었으며, 유럽의 전쟁은 미국을 압박했다. 제퍼슨에게는 이런 국내외 문제를 해결해야 하는 것이 최우선 과제였다. 그럼에도 제퍼슨의 가장 큰 업적은 루이지애나 영토를 매입하고 미국의 서부 개척을 시작한 것이다. 제퍼슨의 '서진西進 정책'은 미국이 지금의 아메리카 대국으로 발돋움하게 된 초석이었다.

미국 역사의 굽이마다 제퍼슨과 같은 미래지향적 품격은 반복되었다. 그런데 그러한 품격은 미국이 안정될 때보다는 위기에 닥쳤을 때 혹은 미국인들이 현실에 안주할 때 나타났다. '위기는 곧 기회'라고 하지만 막상 현실에서 미래지향적 품격을 발휘하기란 쉽지 않다.

이번 장에서는 미국 대통령의 미래지향적 품격에 초점을 맞춘다. 선정 기준은 제퍼슨처럼 현실의 위기와 불안 속에서도 국가의 먼 미래를 내다보고 국민에게 비전을 제시했는지, 그 비전을 성취하기 위해 어떻게 행동했는지로 정했다. 지금의 미국이 있기까지 국력을 강화시킨 대통령들뿐 아니라, 정당제도의 체제를 안정시키며 미국식 민주주의의 전통과 바람직한 대통령상을 세웠던 대통령들이 포함된다.

토머스 제퍼슨
Thomas Jefferson

당장의 이익에
집착하지 마라

제퍼슨, 불모지를 매입하다

초기 미국 문명의 중심은 대서양 연안 지역이었다. 미국은 작지 않은 영
토로 시작했는데, 대서양에 접해 있는 동부 열세 개 주는 사실 거대한 땅
이었다. 미국은 식민지 시대와 마찬가지로 여전히 대서양을 통한 통상
에 의존하고 있었다. 서인도제도와 유럽 대륙을 잇는 통상은 미국의 젖
줄이었다. 서부는 아직 연방정부의 손길이 크게 닿지 않는 황무지나 다
름없었다.

하지만 야망 있는 사람들은 서부로 진출했다. 식민지 시대에도 그랬

듯이 미국인들은 끊임없이 서부 프런티어에 대한 도전을 멈추지 않았다. 1792년 켄터키가 미국의 주로 승격되었고, 1796년에는 테네시가 주로 승격되었다. 건국 후 불과 몇 년 사이에 미국은 초기 열세 개 주에서 순식간에 열일곱 개 주로 늘어났다.

서부로 진출한다는 것은 그만큼 동부와 연결된 끈에서 느슨해진다는 의미다. 동부에서 멀어질수록 동부의 항구들은 지리적인 문제로 실용도가 떨어졌다. 서부로 진출한 미국인들에게 가장 중요한 물류 운송로는 미시시피 강이었으며, 거점 무역항은 미시시피 강과 멕시코 만이 만나는 뉴올리언스였다. 서부인들에게 미시시피 강은 동부의 대서양이었고, 뉴올리언스는 뉴욕이었다.

독립전쟁에서 승리하면서, 미국은 미시시피 강 소유권을 갖고 있는 스페인으로부터 미국 선박의 자유 통행권을 보장받았고, 뉴올리언스에 미국의 선박과 물품을 보관할 수 있는 권리를 보장받았다. 하지만 1798년, 스페인은 이러한 미국의 권리를 박탈해버렸다. 갈수록 늘어나는 서부 진출 인구의 증가에 따라 뉴올리언스의 중요성이 더욱 커지고 있는 시점에서 발생한 이러한 상황에 미국인들은 당황했고, 그에 대한 불만이 높아갔다.

제3대 대통령 제퍼슨은 취임 직후부터 뉴올리언스 매입에 관심을 갖기 시작했다. 그는 농업 중심 민주주의를 추구하면서 미시시피 강과 뉴올리언스의 통행권을 확보하는 것이 중요하다고 보았다. 그런데 제퍼슨이 대통령에 취임한 지 얼마 되지 않아 그 기회가 찾아왔다.

1801년 프랑스는 스페인으로부터 미시시피 강과 뉴올리언스, 루이지

1853년 뉴올리언스 풍경 제퍼슨은 취임 직후부터 그가 추구한 농업 중심 민주주의를 위해서 미시시피 강과 뉴올리언스에 대한 통행권을 확보하는 것이 중요하다고 보았다.

애나 영토의 소유권을 획득했다. 나폴레옹은 유럽 대륙의 팽창에 일차적인 관심을 두고 있었기 때문에, 아메리카에 대해서는 상대적으로 관심이 적었다. 더구나 나폴레옹은 서인도제도의 프랑스령 식민지에서 일어난 반란으로 골머리를 앓고 있었다. 그는 그 반란들을 쉽게 제압하지 못했는데 이는 뉴올리언스의 효용성에 의문을 갖게 만들었다. 뉴올리언스는 서인도제도와의 통상을 위한 프랑스의 거점 항구였다. 프랑스가 서인도제도를 마음대로 통치하지 못하자 뉴올리언스의 효용성도 떨어진 것이다.

제퍼슨은 이러한 상황을 간파하고, 1802년 프랑스에 특사를 보내 뉴올리언스 매입을 타진했다. 그런데 나폴레옹이 제퍼슨의 특사에게 제시한 것은 놀라운 일이었다. 뉴올리언스뿐 아니라 루이지애나 영토 전체를 미국에 팔 생각이 있다는 것이다. 루이지애나 영토는 100년 넘도록 프랑스와 스페인이 번갈아 가면서 소유권을 주장했던 지역으로, 캐나다 국경에서 멕시코 만에 이르는 광활한 영토다. 지금의 몬태나, 다코타, 미네소타, 위스콘신, 와이오밍, 네브래스카, 아이오와, 캔자스, 미주리, 오클라호마를 포함한 실로 거대한 영토였다. 나폴레옹이 제시한 매도 가격은 1,500만 달러였다(지금 시세로 하면 약 2억 2,000만 달러다). 미국이 뉴올리언스 매입으로 제시한 가격이 1,000만 달러였는데 거기에 500만 달러를 추가하면 루이지애나 영토까지 매입이 가능했다. 미국에게는 생각지도 못한 행운이 떨어진 것이다.

　문제는 제퍼슨이 과연 나폴레옹의 제안을 받아들일 것인가에 있었다. 언뜻 생각하면 '제 발로 굴러 들어온 복'이라고 할 수 있는 상황이지만, 당시 대다수의 미국인들은 루이지애나 영토에 욕심이 없었다. 게다가 헌법을 있는 그대로 엄격하게 해석해야 한다고 주장하는 제퍼슨에게 루이지애나 매입은 자칫 그의 원칙이 이율배반적이라는 비난을 불러일으킬 수 있었다. 미국 헌법에 새로운 영토 획득에 관한 규정이 없었기 때문이다. 만약 그가 루이지애나 영토를 매입하기로 결정할 경우, 그것은 상당한 정치적 파장을 불러올 수밖에 없었다. 1800년 선거에서 남부 공화파에 정권을 내준 북부 연방파가 정치적 역공을 할 수 있는 빌미를 제공할 것이기 때문이었다.

하지만 제퍼슨은 매입을 결정했다. 예상대로 의회나 정치권에서 이에 대한 비판이 만만하지 않았다. 북부 연방파는 대통령이 헌법에 없는 절대적인 권력을 행사했다고 비판했다. 1800년 선거에서 정권을 내준 상처가 채 가시지도 않은 상태에서 루이지애나 매입 소식은 북부 연방파의 역공을 위한 좋은 빌미를 제공했다. 연방파를 중심으로 야당은 루이지애나 매입을 극렬하게 비판했다. 당시 미국의 두 배나 되는 영토, 그것도 불모지나 다름없는 지역인데다가 아직 미국의 국방력이 튼튼하지 못한 상태에서 거대한 영토를 사들인 것은 비이성적인 판단이며 대통령의 월권행위라고 간주했다. 대다수의 연방파 지도자들은 북동부 대서양 연안출신으로서 그들은 미국의 운명은 서부 개척보다는 동부 항구를 중심으로 대서양을 통한 통상에 있다고 보았기 때문에, 루이지애나는 쓸모없는 땅이라고 비아냥거렸다. 그러나 제퍼슨은 의회를 설득해서 결국 매입에 대한 비준을 얻어냈다.

제퍼슨은 당시 미국 영토가 작지 않았지만, 미국이 추구하는 공화주의가 성공하기 위해서는 뭔가 생동감 있는 동력이 필요하다고 보았다. 동부의 상공업과 제조업에 근거한 미국의 산업이나 대서양을 통한 유럽과 서인도제도와의 통상에는 한계가 있다고 본 것이다. 미국으로 건너오는 유럽 이민자들이 동부 항구를 중심으로 대도시에 몰리는 것은 미국에서 가진 자와 가지지 못한 자들의 간극을 넓힐 것이며, 무엇보다도 이러한 무역 중심의 산업 구조는 유럽의 정치 외교적 변수에 따라 변화무쌍하게 변할 수밖에 없다고 보았다. 미국인들이 안정되게 행복을 추구하기 위해서는 출구가 필요하며, 그 출구는 광활한 서부라고 보았다.

제퍼슨은 서부야말로 미국의 미래이자 그 미래의 생동감을 제공하는 "미국의 젊음의 샘"[1]이라고 보았던 것이며, 그 샘이 뜻하지 않은 행운과 함께 다가오자 과감하게 그 운명을 받아들인 것이다.

"미국인의 지리적 세계관이 미시시피 강에 머물러 있을 때, 누구도 미시시피 강 서쪽까지 미국의 운명이 닿으리라 상상하지 못하고 있을 때, 서부로 팽창하면 동부 해안 중심의 미국 문명이 위축된다는 이유로 기존 지배층이 루이지애나 매입에 회의를 느끼고 있을 때, 제퍼슨은 미국의 미래는 대륙 팽창에 있다고 믿었고, 그 기회가 찾아오자 과감하게 그 운명을 받아들인 것이다."[2]

누구도 예측하지 못한 서부 탐사대의 비밀

나폴레옹과 루이지애나 영토 매입을 놓고 협상을 벌이고 있을 때, 제퍼슨 대통령은 이미 서부 황무지에 대한 탐사 준비에 들어갔다. 제퍼슨은 서부 황무지에 대해 박식했던 메리웨더 루이스Meriwether Lewis에게 미시시피 강에서 태평양에 이르는 수로를 탐사하기 위한 소수 정예부대를 결성하도록 지시했다. 루이스는 오하이오 지역에서 수년간 인디언 전투에 종사했던 군인으로서 서부 황무지에 대해 박식했을 뿐 아니라 개인적으로도 미지의 서부에 대한 관심이 높았던 서부 전문가였다.

제퍼슨이 루이스에게 전달한 탐사의 목적은 미시시피 강 서쪽을 탐사할 뿐 아니라 대륙을 가로질러 태평양에 이르는 수로가 있는지를 찾아보라는 것이었다. 아직 루이지애나 영토 매입이 진행 중인데다 서부 영토는 대부분 프랑스와 스페인의 영토였기에, 대통령의 지시에 의해 미국인이 탐사한다는 것은 외교적으로 문제가 될 소지가 많았다. 그러므로 유럽 국가들과의 불필요한 마찰을 우려한 미국 의회가 그러한 탐사를 승인할 리 없었다. 그런데도 제퍼슨은 의회를 설득해서 탐사에 필요한 2,500만 달러의 예산을 얻어냈다. 그는 탐사의 목적이 정치적·경제적 탐사가 아닌 과학적 혹은 '학술적 탐사'라고 둘러댔다. 그것은 의회의 승인을 얻어내기 위한 눈가림이었다. 제퍼슨은 의회에 제출한 목적이 "진짜 목적을 확실하게 알아채지 못하도록 가리기 위한 것"이라는 점을 루이스에게 전달하며, 원래의 목적대로 탐사를 준비하라고 지시했다.[3]

그러던 차에 미국의 루이지애나 매입이 최종적으로 결정되면서, 이 탐사는 이제 미국 영토가 된 루이지애나에 대한 공식적인 탐사가 되었다. 루이스를 탐사대장으로, 그를 보조하는 윌리엄 클라크William Clark를 비롯한 48명의 '탐험대Corps of Discovery'는 1804년 세인트루이스에서 탐험의 대장정을 시작했다. 여전히 서부에 대한 미국인의 관심이 적었던 터라 루이스-클라크 탐험은 조용하게 2년간의 대장정을 진행했다. 탐험대는 로키 산맥을 넘어 스네이크 강과 컬럼비아 강을 따라 내려와 드디어 1805년, 태평양 연안에 도착하기에 이르렀다. 이들은 서부 지역을 탐사하면서 갖가지 정보를 빼곡히 기록한 후 1806년 9월, 출발지였던 세인트루이스에 성공적으로 귀환했다.

루이스-클라크 탐험은 순전히 제퍼슨의 작품이었다. 미국은 루이지애나 매입에 따른 찬반양론으로 여전히 어수선했으며, 누구도 그러한 탐사를 생각하지도, 반기지도 않았다. 제퍼슨의 각료 중에도 탐사를 적

1954년 발행된 루이스-클라크 탐험 기념우표 1804년 탐사를 시작한 탐험대는 제퍼슨의 명에 따라 서부 지역에 대한 갖가지 정보를 빠짐없이 기록했다.

극적으로 호응하는 사람은 없었다. 그만큼 대륙 횡단 탐사는 당시로서는 황당한 계획이었다. 미국인들뿐 아니라 유럽 탐험가들은 지금의 밴쿠버와 오리건 지역의 북태평양 해안 탐사에 집중했다. 그리고 탐사의 주된 목적은 모피 무역 중심의 경제적 이권을 선점하기 위함이었다. 반대로 미시시피 강에서 로키 산맥을 넘어 태평양으로 가는 대륙 횡단 탐사는 거의 시도되지 않았다. 개인적으로 서부 횡단을 시도했던 탐험가들은 있었지만 이는 주로 경제적인 이유나 개인적인 호기심 수준을 넘지 못했으며, 대부분의 탐사는 탐험 전문가들과 인디언 안내자에 의해

서 수행되었다. 루이스-클라크 탐사는 최초로 정부 차원에서 진행된 탐
사였다.

제퍼슨은 루이스-클라크 탐사단에게 단순히 인디언들에게 루이지
애나 영토에 대한 미국의 주권을 인식시키는 것 외에도 지리적·생태
적 요소를 포함해서 해당 지역에 대한 상세한 정보를 조사하도록 지시
했다. 또한 아시아로 가는 상업적 경로를 찾도록 했다. 아직 대부분의 미
국인들과 유럽인들은 인디언과의 모피 무역에 치중하고 있었기 때문에
아시아로 가는 상업적 경로를 찾는 것은 시기상조로 보였다. 이는 루이
스-클라크 탐사에서 가장 상징적인 의미를 담고 있다고 볼 수 있다. 제
퍼슨은 대륙 횡단을 넘어서 이미 아시아까지 닿을 수 있는 미국의 미래
를 생각하고 있었던 것이다. 대다수의 미국인들의 우주관이 미시시피
강 서쪽에 머물러 있을 때, 제퍼슨은 강 너머 서쪽 대륙 진출을 진지하게
검토했으며, 그의 시선은 멀리 내다보고 있었다. 그런 점에서 루이스-클
라크 탐사는 눈에 보이는 즉각적인 미국의 이익을 위한 외형적인 시도
라기보다는, 아직 눈에 보이지 않고 잡히지 않는 먼 미래를 위한 투자였
으며, 미국인들의 서부 개척 정신을 일깨우고 북돋았던 정신적인 시도
라고 할 수 있다.

물론 1804~06년에 루이스-클라크 탐사단이 이룩한 실질적인 업적
을 과소평가하는 것은 아니다. 그들이 가져온 광활한 미개척지에 대한
정보는 무궁무진했다. 그들은 그동안 백인들에게 알려지지 않았던 200
여 개의 식물과 동물 이름을 기록했고 적어도 72개의 인디언 부족에 대
해 기록했다. 매일 그들이 대면한 인디언들과 그들의 생활방식, 산과 강

과 계곡들, 나무와 식물과 동물들, 날씨와 일기 변동 등 기록할 수 있는 모든 것을 낱낱이 기록에 남겼다. 이것은 훗날 미국인이 그곳에 진출할 때 필요한 유용한 안내서로 사용되었으며, 그들의 상세한 이동 경로는 루이지애나 영토에서 로키 산맥을 넘고 북태평양 해안에 이르는 중요한 안내도로 활용되었다.

애덤스와 제퍼슨, 세기의 우정을 나누다[4]

1826년 7월 4일, 미국 독립 50주년 기념일에 미국의 제2대 대통령 애덤스와 제3대 대통령 토머스 제퍼슨이 동시에 세상을 떠났다. 두 사람은 초기 미국의 운명과 같이 했다. 애덤스는 초대 부통령으로서 워싱턴을 보좌했으며, 제2대 대통령을 지냈다. 제퍼슨은 미국 〈독립선언문〉을 기초했고, 초대 국무장관을 거쳐 제3대 대통령을 지냈다. 미국의 초기 운명은 이 두 사람의 철학과 이념에 좌우되었다고 해도 과언이 아니다.

하지만 사적으로 보면 두 사람은 애증의 관계였다. 처음에 두 사람은 절친한 혁명 동지로 시작했다. 애덤스는 〈독립선언문〉 기초위원 가운데 한 명이었지만, 〈독립선언문〉 작성을 그보다 일곱 살이나 나이가 어린 33세의 제퍼슨에게 양보했다. 독립 후에는 연방의 기초를 닦는 일에 둘 다 힘을 합쳤다. 그러나 두 번째 대통령 선거 때부터 두 사람은 원수지간으로 변했다. 1796년 선거에서는 애덤스가 근소한 차이로 제퍼슨을 누르고, 제2대 대통령으로 취임했지만, 1800년 선거에서는 제퍼슨이 애덤스를 누르고, 제3대 대통령으로 취임했다. 두 선거 모두 초기 미국의 당쟁과 지역감정의 결정체였다. 애덤스는 북부 연방파를 대변했고, 제퍼 슨은 남부 공화파를 대표했다. 인신공격이 난무했던 선거였기에, 두 사 람이 받은 상처는 컸다. 선거에 패한 애덤스는 제퍼슨의 취임식에 참석 하지도 않고 워싱턴을 떠나버렸다. 이후 두 사람은 서로가 서로를 피했 고, 공적으로나 사적으로 두 사람 사이에는 어떠한 교류도 없었다. 미국 독립을 이끌었던 혁명 동지가 이렇게 원수지간이 되어 인생을 마감하는 듯했다.

그러나 1812년 초에 두 사람은 화해했다. 먼저 손을 내민 사람은 애덤 스였지만, 그 정황을 제공한 사람은 제퍼슨이었다. 애덤스의 우려와는 달리 제퍼슨은 집권 동안 연방파에게 정치적 보복을 하지 않았고, 포용 정치를 펼쳤다. 제퍼슨은 정당을 초월해서 〈독립선언문〉에서 그가 제시 한 자유의 정신을 지키기 위해 헌신했다. 애덤스는 그런 제퍼슨을 마음 속 깊이 존경했다. 두 사람은 비록 정치적으로 원수였지만 미국 민주주 의와 연방에 대한 애정은 남달랐다. 그것이 그들이 화해하게 된 근본적 인 배경이었다. 초기 '건국의 아버지들' 중에서 핵심이었던 두 사람이 계 속해서 원수지간으로 남아 있다는 것은 국민에게 좋은 표본이 되지 않 았기 때문이었다.

이들의 화해는 단지 정치적 제스처가 아니었으며, 이후 14년간 두 사 람의 우정은 계속되었다. 수많은 편지를 주고받으면서, 두 사람은 서로 그들의 가족과 건강을 묻고, 과학과 철학을 논했으며, 국가의 현실과 미 래에 대한 소견을 주고받았다. 두 '건국의 아버지'는 병상에서도 끊임없 이 서신을 교환하다가 미국 독립 50주년을 맞은 뜻깊은 날에 동시에 세상을 떠났다. 애덤스는 향년 90세였고, 제퍼슨은 83세였다.

애덤스는 다가오는 그의 죽음을 축복으로 여겼다. 그의 아들 존 퀸시 애덤스가 당시 미국 대통령이었기 때문이었다. 제퍼슨도 마찬가지였다. 한때 원수지간이었지만 혁명 동지였으며, 절친한 친구로 지냈던 애덤스의 아들이 대통령이었고, 그 대통령은 제퍼슨이 기초를 닦았던 '자유의 제국'을 계승해서 '아메리칸 시스템American System[5]'을 공고히 구축했기 때문이었다. 무엇보다도 두 사람은 독립 2세대에 이르러 탄탄한 독립국가로 성장한 미국에 무한한 자부심을 가졌다.

애덤스와 제퍼슨의 우정은 미국에게도 축복이었다. 이후 미국 역사에서 양당제도는 계속되었고, 정치적 대결은 끊임없었지만, 개인적 감정이 정쟁의 빌미를 제공하거나 정쟁을 악화시키는 원인이 되지 않았으며, 미국 민주주의 발전에 발목을 잡는 경우는 드물었다. 이 두 사람의 '세기적인 우정'이 미국 민주주의의 보이지 않는 버팀목이 되었기 때문이었다.

존 퀸시 애덤스
John quincy Adams

문제는
시스템이다

공직자의 모델을 세우다

미국의 제6대 대통령 존 퀸시 애덤스는 초기 미국 역사에서 그렇게 유명한 대통령은 아니었다. 워싱턴, 애덤스, 제퍼슨, 매디슨, 먼로로 이어지는 쟁쟁한 선임 대통령들에 비해 존 퀸시 애덤스는 상대적으로 인기 없는 대통령이었고 미국 초기 역사에서 '잊힌 인물'이었다. 그럼에도 후대 사람들은 끊임없이 그를 기억하고 기린다. 케네디 대통령은 그를 미국 역사에서 가장 용기 있는 첫 번째 상원의원으로 선정했고, 클린턴 대통령은 그를 가장 위대한 공직자로 추앙했다. 당대의 평가와는 달리 해가

묵을수록 리더의 가치가 재발견되고 깊은 공명을 울리는 경우가 있다. 존 퀸시 애덤스가 그 대표적인 사람이다.

애덤스는 미국의 제2대 대통령 존 애덤스의 아들로, 미국 안팎에서 당대 최고의 교육과 경험을 체득한 건국 2세대를 대표하는 엘리트였다. 그는 유럽 여러 나라에서 주재공사를 지냈고, 연방 상원의원을 거쳐, 국무장관으로 명성을 떨쳤다. 미국 역사상 최고의 국무장관의 한 사람으로 평가받는 그는 유명한 '먼로 독트린'을 구상하고 실현시킨 장본인이었다. 1824년에 대통령에 당선되었지만, 당파와 지역분쟁으로 점철된 정치적 현실로 인해 재선에는 실패했다. 하지만 연방 하원의원에 출마해서 당선되었다. 그는 생을 마감할 때까지 무려 18년이나 하원에서 공복 公僕의 역할을 충실하게 수행했다.

전직 대통령이 하원의원에 출마하는 것은 전무후무한 파격적인 경우다. 당대 미국인들은 의아했지만, 애덤스는 그의 선택에 담담했다. 대통령이든 하원의원이든 공직자의 지위에는 차이가 있을지라도 그 본질에는 차등이 없다고 믿었기 때문이다. 미국이 유럽 전제의 틀을 깨고 공화정의 길을 걷고 있었지만, 권위와 위계질서에 바탕을 둔 관료제의 그늘을 벗어나기란 쉬운 일이 아니었다. '공직자public servicemen'라는 개념은 아직 정립되지도 않았던 시대였다. 진정한 평등사회와 민주주의는 공직의 평등개념이 전제되어야 한다고 믿었던 애덤스는 공직의 개념을 새로 정립한 리더였다.

애덤스의 가장 두드러진 성품은 정직이다. 정직의 배양분이 원칙과 소신이라면, 그 열매는 때론 소외와 따돌림이다. 그는 오랜 공직 생활 내

제6대 대통령 존 퀸시 애덤스 그는 공직의 평등을 최우선의 가치로 삼았다. 그가 구축한 '아메리칸 시스템'은 그의 정직한 소신에 따른 정책으로 미국 역사에 길이 남을 업적이었다.

내 그러한 정직의 떫은 열매를 맛보았다. 상원의원 재임 당시 그는 제퍼슨 대통령의 루이지애나 영토 매입에 찬성했기 때문에 매사추세츠 주를 포함한 북부 정치인들로부터 따돌림을 받았다. 그도 그럴 것이 그의 아버지인 존 애덤스는 북동부 연방파의 대표적인 인물이었기에 그가 아버지의 성역인 매사추세츠 연방 상원의원으로서 남부 공화파의 정책에 동조한 것은 정치적으로 손해 보는 행동이었다. 하지만 애덤스는 루이지애나 영토 매입이 미국의 미래에 필요한 결정이라고 믿었으며, 그 행동에 따른 정치적 대가를 치러야 했다. 결국 그는 아버지의 혼이 담긴 연방파에서 탈퇴하고 상원의원직에서 사퇴했다.

애덤스는 치열했으며 논란이 컸던 1824년 선거에서 당선되었기에 그의 대통령 임기는 온갖 정치적 비판과 비난의 대상이었다. 그는 역대 대통령 중에서 가장 외로운 대통령이었다. 그가 추진했던 '아메리칸 시스템'은 그의 정치적 고향이었던 북동부에서도 반발이 심했다. 북동부는 영국을 중심으로 유럽과의 통상에 의지하려는 전통과 타성에 젖어 있었기 때문에, 내륙 개발은 그의 정치적 토대를 버리는 것과 다름없었다. 남부의 반대는 더더욱 심했다. 노예 노동에 기댄 목화 산업으로 인해 남부는 외국과의 무역에만 관심을 두었지, 북부나 서부와의 연계에는 관심이 없었다. 더군다나 국내 제조업을 보호하기 위한 애덤스의 높은 관세 정책에 남부는 불만이었다. 그러나 그는 그러한 정치적 현실에 연연하지 않고 담담히 자신의 소신에 따라 정책을 폈다. 곧이어 설명하겠지만, 그가 구축한 '아메리칸 시스템'은 그의 정직한 소신에 따른 정책으로서 미국 역사에 길이 남을 업적이었다.

이렇듯 정치적으로 타협할 줄도 모르고 세련되지 못한 외로운 대통령 애덤스는 재선에서 실패했지만, 연방의 미래를 위해 하원에 출마해서 또 다른 공직의 길에 나섰다. 하원의원 시절 애덤스는 대다수의 의원들에게 '저승사자'와도 같았다. 시도 때도 없이 그가 노예해방을 주창했기 때문이다. 당시 의회에서는 골치 아픈 노예문제를 회피하기 위해 '함구령gag rule'을 제정해서 의사당 안에서는 노예에 관한 일체의 언급을 금지하고 있었다. 하지만 애덤스는 자유, 평등, 언론의 자유 등 건국이념을 내세우며 지속적으로 노예문제를 거론했다. 애덤스는 다른 의원들에게 불편한 존재였다. 하지만 그에게는 동료 의원들과의 친분과 이에 토대를 둔 '정치력'보다는 건국이념을 지키는 원칙과 소신이 더 중요했다.

애덤스는 미국 역사에서 '잊힌 인물'이었을지는 모르지만, 그가 세운 올곧은 공직자 상의 그루터기 위에 건국의 이상은 새롭게 돋아나게 되었다. 1846년 하원의원 초년생으로 의사당에 입성한 링컨은 외로이 노예해방을 외치는 애덤스의 모습에서 공직자의 롤모델을 찾았다. 링컨이 있기 전에 애덤스가 있었고, 링컨의 노예해방선언이 있기 전에 애덤스의 노예해방투쟁이 있었다.

개인의 체통보다는 국가와 국민에 대한 충실한 공직자로서의 사명을 더 귀중하게 여겼던 애덤스의 유산은 미국 역사의 굽이마다 재현되었다. 전직 대통령으로서 대법원 판사로 봉직하거나, 자신의 정당과는 다른 후임 대통령의 요청을 받아들여 공무를 수행하거나, 평화와 인권의 사도로서 후임 대통령들의 특사 역할을 기꺼이 수행하는 것이 어색하지 않은 이유는 공직의 평등개념을 세웠던 애덤스가 있었기 때문이다.

미래를 위해 '아메리칸 시스템'을 구축하다

1828년 7월 4일, 워싱턴의 포토맥 강가에서 체서피크-오하이오 운하 착공식이 열렸다. 좀처럼 공식적인 자리에 모습을 드러내지 않던 애덤스가 착공식에 참석했다. 착공식에 참석한 대통령에게는 남다른 의도가 있었다. 애덤스는 임기 중에 내륙 개발을 정책의 최우선 과제로 삼았고, 이번 운하 착공식은 그동안 그가 추진했던 내륙 개발 정책을 결산하는 상징적인 의미를 담고 있었다.

애덤스는 착공식에서 운하 착공에 대한 의례적이고 형식적인 축사를 하지 않고, 그것이 미국 문명에 어떠한 의미를 갖고 있는지 소견을 상세하게 밝혔다. 애덤스는 내륙 개발에 따른 미국의 번영이 향후 미국이 추구해야 할 길임을 밝히며, 미국은 인류사에서 그 유래를 찾을 수 없는 새로운 차원의 제국으로 발전할 것이라고 주장했다. 애덤스에 따르면, 인류사에 획을 그었던 과거의 제국들, 즉 아시리아 제국, 페르시아 제국, 그리스 제국, 로마 제국 등은 사람을 짓밟고 죽이는 정복을 통한 정복이었지만, 미국은 다른 사람을 짓밟는 정복이 아니라 주어진 자연환경을 개간하며 그곳으로 향한 사람들 스스로 자신들을 극복하고 이룩한 제국이라고 말했다.

또한 그는 서부 팽창과 내륙 개발이 신이 미국인에게 부여한 사명으로 여겼다. 그는 착공식 축사에서 이러한 사명을 강조했다. 애덤스에 따르면, 미국은 제국으로 번창하기 위해서 세 번의 과정을 밟아야 한다고 했다. 첫 번째 과정은 영국으로부터 완전한 독립을 쟁취하는 것이고, 두 번째 과정은 첫 번째 과정보다 더 힘든 일로서 서로 분산되어 있는 예전의 식민지가 합심해서 하나의 연방으로 공고히 다져지는 것이며, 세 번째 과정은 이전의 두 과정보다 훨씬 힘든 일로서 바로 미국에게 주어진 광활한 땅에 대한 적응과 개발이라는 것이다.

애덤스는 미국에게 주어진 자연환경을 극복하고, 적응하며, 개발하는 것은 연방의 정치적·물리적·도덕적·지적 영역을 총동원하는 것이라고 주장했다. 그는 이러한 내륙 개발이 단순히 미국의 사명이기 전에 하

1920년대 **체서피크-오하이오 운하** 애덤스는 임기 중에 내륙 개발을 정책의 최우선 과제로 삼
았다. 이 운하 착공식은 그동안 그가 추진했던 내륙 개발 정책을 결산하는 상징적인 의미
를 담고 있었다.

나님이 인류에게 부여한 원초적인 사명이라고 했다. 즉 천지창조 후 하
나님이 창조한 인간은 하나님이 제공한 땅을 정복하고 "생육하고 번성
해야 한다"는 사명인 것이다. 인류사에서 어떤 민족도 이루어내지 못한
위업을 달성하기 위해서 미국은 신이 부여한 도전을 흔쾌히 받아들여야
하고, 전 연방이 힘을 합쳐 그 도전을 미국의 축복으로 만들어야 한다고
역설했다.

　연설을 마친 후 애덤스는 착공을 기념하고자 첫 삽을 뜨게 되었다. 그

런데 땅이 딱딱해서 삽이 들어가지 않았다. 몇 번 시도해도 삽이 들어가지 않자, 애덤스는 삽을 옆으로 치우고 웃옷을 벗어젖히고 나서, 다시 열정적으로 삽질을 하기 시작했다. 이 모습을 보던 군중은 우레와 같은 환호성을 질렀고, 이에 고무된 대통령은 다시 연설을 이어갔다. 애덤스는 하나님이 허락한 이 위대한 과업을 성공적으로 끝내서 "연방의 보존과 번영, 그리고 영속"을 일궈내자고 역설했다.

체서피크-오하이오 운하 착공식에서 보여준 애덤스의 연설과 일화는 많은 것을 시사해준다. 특히 그의 임기 동안 그가 심혈을 기울였던 '아메리칸 시스템'에 대한 그의 이상을 잘 보여준다. '아메리칸 시스템'이란 연방정부가 미국 연방 전체의 번영을 위해서 강과 항구를 연결하는 길을 닦고 운하를 건설하는 등 내륙 개발에 적극적으로 참여하는 것을 포함했다. 이는 연방정부로서 당연히 해야 되는 일처럼 보이나 그 당시 상황에서는 그리 만만한 일이 아니었다.

애덤스의 이러한 '아메리칸 시스템'의 구축은 쉽지 않았다. 미국의 북부와 남부는 여전히 지역적 대립관계에서 벗어나지 못하고, 영국과 기타 유럽 국가들을 통상 대상으로 삼았다. 정치권에서는 애덤스의 내륙 개발 정책에 찬성하는 사람보다 반대하는 사람들이 더 많았다. 비판자들은 미국 헌법에 대통령이 주 경계선을 넘나드는 내륙 개발을 추진하고 후원하는 조항이 없다며 대통령의 내륙 개발 정책을 비헌법적이라고 비판했다. 또한 애덤스의 내륙 개발이 특정한 지역에는 특혜를 주고, 다른 지역에는 피해를 주는 불평등한 정책이라고 비난했다.

이러한 비판과 비난은 애덤스의 정책보다는 애덤스 개인에 대한 미움에서 비롯된 것이었다. 1824년 선거에서 애덤스가 대통령에 당선되었지만, 선거에서 낙선한 앤드루 잭슨 지지자들의 불만은 애덤스 임기 내내 계속되었고, 애덤스가 무엇을 하든지 반대를 위한 반대, 비판을 위한 비판 세력으로서 애덤스를 괴롭혔다. 잭슨은 일반 투표와 선거인단 투표에서 최다 득표를 차지했지만, 후보 중의 한 명이었던 헨리 클레이가 애덤스를 밀어줌으로써, 하원에서 애덤스를 대통령으로 선출한 것이나 마찬가지였다.

이러한 '담합 선거'의 후폭풍으로, 애덤스는 그 어느 대통령보다도 많은 반대세력에 포위되었던 '외로운 대통령'이었다. 하지만 애덤스는 반대파들의 불만에 민감하게 반응한다든지, 그 반대파들에게 역공을 가해서 정치적으로 기득권을 확고히 하려는 정치적 술수를 취하지 않았다. 체서피크-오하이오 운하 착공식에서 했던 애덤스의 축사 그 어디에도 반대파들을 겨냥한 정치적 공세는 없었다. 그는 그저 담담하게 그가 믿었던 '아메리칸 시스템'을 구축하기 위해서 최선을 다할 뿐이었다. 그래서 체서피크-오하이오 운하뿐 아니라 수많은 운하와 길을 닦으며 '아메리칸 시스템'을 차근차근 구축했다. 애덤스는 건국 이래 역대 대통령들이 약 40년간 사용했던 예산 총액보다 더 많은 예산을 확보해서 '아메리칸 시스템'을 구축하는 데 성공했다.

루이지애나 매입과 루이스-클라크 탐사 등을 통해서 '자유의 제국'을 건설하려는 제퍼슨의 의지는 애덤스의 '아메리칸 시스템'이 정착되면서 비로소 그 실질적인 토대를 갖추게 되었다. 이것은 단순히 내륙 개발과 서부 개척 등 지리적·경제적 토대뿐 아니라, "미국인의 지적이거나 영적인 정제精製"[6]였다. 정치적 갈등이나 지역감정, 그리고 보이지 않게 연방의 통합을 저해하는 노예제도의 암적인 장애물이 현존하는 시대에서, 애덤스는 그 모든 것을 초월해서 미국이 추구해야 하는 가치와 이상을 제시하며 미국인들이 더 큰 미국의 미래를 꿈꾸도록 노력했던 것이다.

에이브러햄 링컨
Abraham Lincoln

모든 것은
인선에 달려 있다

정당정치의 미래에 귀중한 선례를 남기다

1860년 선거는 역대 선거 중에서 가장 정치적으로 복잡한 선거였다. 일단 기존의 양당 구도가 깨진 상황에서 치러졌는데, 미국의 민주주의는 시작부터 양당 구도의 대결이었고, 그것은 결과적으로 '견제와 균형'을 지향하는 미국 헌법의 정신에 부합하는 것이었다. 처음에는 연방파와 공화파의 대결이었다. 초대 대통령 워싱턴에 이어 제2대 애덤스는 연방파였고, 제3대 제퍼슨은 공화파였다. 1828년 잭슨이 당선되면서 이러한 양당 구도는 새로운 국면에 접어들었다. 잭슨의 민주당과 이에 대적하

는 휘그당과의 대결로, 이를 '두 번째 정당제도the Second Party System'라고
한다.

'두 번째 정당제도'는 1854년까지 지속되었지만 정당 구도는 갈수록
복잡하게 얽혔다. 처음에는 잭슨과 그 반대파로 정당이 나뉘어졌지만,
잭슨의 반대파는 여러 갈래로 세분되었다. 그 배경에는 점차 복잡해지
는 미국의 정치적 · 사회적 · 경제적 · 문화적 흐름이 있었다. 1812년 전
쟁에서 영국에 승리한 이후로 미국 연방은 국제 사회에서 무시하지 못
할 독립국으로 그 존재를 인정받았고, 경제발전과 '아메리칸 시스템'의
구축 등 이민자들이 급증하면서 인구가 폭등했다. 연방 출범 때만 해도
고작 400만 명에 지나지 않았던 인구가 1840년에는 무려 1,700만 명에
이르렀다. 서부 개척에 따라서 서부 준주州들이 하나둘씩 연방의 주로
승격되었다.

이러한 변화 속에서 앵글로색슨 프로테스탄트들은 '토착주의nativism'
를 내세우며 이민자들을 배척하고 그들만의 가치와 전통을 지키려고 텃
세를 부렸다. 이들을 대변하는 정당이 무지당Know Nothing Party[7]이었다. 서
부 진출자들의 숫자가 급속히 늘어나면서 서부는 동부 위주의 기존 정
치질서에 도전하는 주요 변수가 되었다. 특히 남부의 노예제도가 서부
로 확장되는 것을 염려한 서부 진출 농민들은 자유토지당Free Soil Party을
결성해서 기존의 정치질서에 도전했다.

이렇게 복잡하게 전개된 '두 번째 정당제도'가 1854년 다시 뚜렷한 양
당제도로 재정립되었다. 북동부 지역의 반노예주의자, 이전의 휘그당,
자유토지당 등이 통합해서 새로 출범하는 공화당으로 흡수되었기 때문

1861년 링컨 대통령의 취임식 링컨의 대통령 당선은 미국 정당정치의 운명에 중요한 순간이 었다. 링컨이 대통령에 당선되면서 연방이 남과 북으로 갈리게 되었고, 결국 남북전쟁이 발발하게 되었다.

이다. 이제 미국은 기존의 민주당과 새로운 공화당으로 나뉘는 '세 번째 정당제도' 시대로 들어섰다.

1860년, 공화당 전당대회에서 링컨이 대통령 후보로 선출된 것은 의 외의 결과였다. 링컨이 선출된 가장 큰 이유는 아이러니하게도 그가 그동안 정치적 소용돌이에서 벗어나 있었기 때문이었다. 위에서 지적했듯이 '두 번째 정당제도'는 시간이 지나면서 다양한 이해관계를 대변하는 군소 정당으로 나뉘면서 양당 구도는 무너지고 있었다. 전국적으로 지

명도가 높았던 대선 후보자들은 이런 복잡한 정치적 역학관계에서 자신들의 주장을 드러냄으로써 이익보다는 손해를 더 많이 봤다.

그 대표적인 인물이 윌리엄 수어드William H. Seward였다. 뉴욕 주지사를 역임했으며 당시 가장 영향력이 컸던 상원의원 수어드는 공화당 전당대회에서 유력한 대통령 후보였다. 그는 서부 출신이었고 세련되지 못한 정치 신입생 링컨보다는 훨씬 정치적 경험이 풍부했으며, 정치력이 검증된 인물이었다. 하지만 그의 결정적인 약점은 너무 주관이 뚜렷하다는 데 있었다. 특히 노예해방을 주장하는 급진적인 인물이었기에 수어드는 공화당 안에서도 그에 대한 호불호가 뚜렷했다. 하지만 링컨은 기본적으로 연방주의자였지 노예제도의 즉각적인 폐지를 주장하는 급진파가 아니었다. 또한 이민의 증가로 인해 무지당의 세력도 만만치 않았는데, 링컨은 이민제한운동에 대해 자신의 생각과 주장을 적극적으로 드러내지 않았다.

복잡한 이해관계로 뒤얽혀 있는 공화당 전당대회에서 링컨이 중도적이며 온건한 입장을 취한 것이 결과적으로 그에게 득이 되었다. 게다가 갈수록 정치력이 커지고 있던 서부 주들의 입김도 작용해 링컨이 서부 출신이라는 배경은 그에게 결정적인 도움을 주었다. 전당대회 제1차 투표에서 수어드는 상당한 표 차이로 1등을 했지만, 과반수를 넘지 못했기 때문에 당선에 실패했다. 제2차 투표에서도 마찬가지였다. 결국 제3차 투표에서 수어드는 링컨에게 고배를 마셨다.

처음부터 링컨의 당선이 유력한 것은 아니었다. 투표가 계속될수록 당선에서 멀어진 후보 진영에서 가장 중요한 현안이었던 노예해방문제에 급진적이었던 수어드보다 온건한 인상을 주었던 링컨에게 표를 던졌기 때문이었다. 공화당 후보에 당선된 링컨은 대통령 선거에서 비교적 손쉽게 당선되었다. 민주당은 노예문제로 북부와 남부로 분열되었기 때문이었다. 링컨은 총 유권자 투표의 40퍼센트도 얻지 못했지만 민주당의 분열로 당선될 수 있었던 것이다.

링컨의 대통령 당선은 미국 정당정치의 운명에서 중요한 순간이었다. 링컨이 대통령에 당선되면서 연방이 남북으로 갈리게 되었고, 결국 남북전쟁이 발발하게 되었다. 링컨이 수어드보다는 온건한 노예해방론자이긴 했지만, 노예해방을 그의 주요한 선거 공약으로 내세운 이상, 남부주들은 링컨의 당선과 함께 하나둘씩 연방에서 탈퇴하기 시작했다. 이러한 남과 북의 문제도 있었지만, '두 번째 정당제도'가 완전히 와해된 상황에서 그가 어떻게 새롭고 현명하게 공화당을 꾸려가느냐는 향후 미국의 정당제도에 중대한 기로가 되었다.

정치 신입생 링컨은 그동안 미국 정치사에서 볼 수 없었던 새로운 방향을 제시했다. 링컨은 공화당 전당대회에서 그와 대적했던 인물 대부분을 주요 각료로 임명했다. 체이스Salmon P. Chase를 재무장관에, 캐머런 Simon Cameron을 전쟁장관에, 베이츠Edward Bates를 검찰총장에, 웰스Gideon Welles를 해군장관에 각각 임명했다. 무엇보다도 그의 가장 큰 적수였던 수어드를 국무장관에 임명했다. 1860년 공화당 대통령 후보를 선출하는 과정에서 보여주었듯이 신생 공화당은 '두 번째 정당제도'가 와해된 이후 여러 가지 이해관계가 복잡하게 얽혀 있는 상황이었다. 공화당은 대통령을 당선시키기는 했지만 하나의 독립된 정당으로 정착하기까지는 많은 난관을 극복해야 했다. 무엇보다도 각 지역의 맹주를 자처하는 인물들의 정치적 입김이 여전히 컸기 때문에, 지역의 이해관계나 인간관계가 어긋날 경우 당의 존립에 커다란 도전을 가할 수 있었다. 이런 상황에서 링컨이 그와 경쟁관계에 있었던 인물들을 대거 각료로 등용함으로써 당의 화합을 꾀한 것은 의미 있는 일이었다.

흔히 링컨은 남북전쟁의 위기를 극복하고 연방을 지켜나갔으며, 노예해방을 단행한 '위대한 해방자'라는 역사적 평가를 받는다. 하지만 이렇게 눈에 띄는 링컨의 업적 때문에 주목받지 못했지만 링컨이 공화당의 첫 번째 대통령으로서 당을 추슬러서 '두 번째 정당제도'에 이어 '세 번째 정당제도'를 성공적으로 구축한 것은 미국 정치사에서 적잖은 의미가 있다. 노예제도에 따른 국론분열과 서부 팽창에 따른 지역 이기주의 속에서 자칫 미국의 전통적인 양당제도가 와해될 수 있는 상황에, 링컨은 인사 포용정책을 통해서 그러한 위기를 극복한 것이다.

또한, 링컨의 인사정책은 미국의 정당정치 미래에도 보이지 않는 귀중한 선례가 되었다. 모든 민주주의 선거제도가 그렇듯이 선거는 자칫 복잡한 인간관계의 후폭풍을 낳을 수 있으며, 그로 인해 당이 어려움에 처하거나, 극단적인 경우에는 당이 깨지는 경우가 발생하곤 한다. 그러나 미국의 경우는 이러한 극단적인 선거의 후폭풍을 크게 겪지 않았다. 여기에는 '세 번째 정당제도'를 시작한 링컨의 리더십과 선례가 크게 작용했기 때문이었다.

위기 속에서도 미래를 준비해야 한다

대통령으로서 링컨이 해결해야 할 가장 최우선적인 임무는 남북전쟁에서 승리를 쟁취하는 것이었다. 하지만 링컨은 전쟁으로 인해 미국의 내륙 개발이나 서부 개척 등에서 미국의 팽창이 주춤하길 원치 않았다. 그에게 제퍼슨은 영웅이었으며 우상이었다. 그는 제퍼슨이 〈독립선언문〉에서 제시한 자유의 정신이야말로 미국이 품어야 할 가장 큰 이상이라고 보았다. 이미 시작된 제퍼슨의 '자유의 제국'의 행진은 계속되어야 한다고 믿었다. 동시에 링컨은 아메리카 대륙에서 이러한 '자유의 제국'을 확보하기 위해서는 기존의 먼로주의는 반드시 지켜져야 한다고 믿었다. 남북전쟁이 미국에는 위기를 가져왔지만 유럽 국가들에게는 기회였다. 유럽 국가들은 미국의 위기를 틈타 라틴아메리카 지역에 개입하려고 할 것이 틀림없었다. 남북전쟁이 초래할 이러한 외교적 문제는 전쟁에서 승리를 쟁취하는 것 못지않게 중요했다.

링컨은 이러한 문제를 대처할 최고의 적임자가 수어드라고 믿었다. 수어드는 서부 개척이나 유럽과의 외교력에서 링컨보다 뚜렷한 원칙과 월등한 경험을 갖고 있었던 인물이었다. 링컨이 정치력이나 외교력에서 그보다 뛰어난 수어드를 국무장관에 임용해서 사실상 국사 전반을 관장하게 하는 것은 위험부담이 큰 선택이었다. 무엇보다도 수어드는 급진적이며 진취적인 성향 때문에 정적들이 많았다. 특히 재무장관 체이스와는 사이가 좋지 않았다. 다른 장관들이 대체로 체이스에 가깝고 수어드를 경계했기 때문에 수어드가 국무장관이 된다면 내각에 불협화음이 발생할 확률이 높았다. 수어드 본인도 그러한 분위기를 잘 알고 있었기에 처음에는 국무장관 제의를 받아들이지 않았다. 하지만 링컨은 지속적으로 수어드를 설득해서 결국 그가 국무장관직을 수락하게 만들었다.

예상대로 내각의 분위기는 시작부터 좋지 않았다. 수어드와 체이스는 각료회의 때마다 부딪혔다. 수어드는 모든 사안에서 적극적으로 의사를 개진했고, 이러한 수어드를 체이스와 다른 각료들은 그가 마치 '수상'처럼 행세한다고 불쾌하게 생각했다. 결국 1862년 12월, 체이스는 사표를 제출했고, 각료들은 링컨에게 수어드를 해임하라는 청원서를 제출했다. 소식을 접한 수어드도 사표를 제출했다. 링컨에게 이 문제를 수습하는 것은 전쟁에서 이기는 것 못지않게 어려운 숙제였다. 하지만 링컨은 특유의 인내와 온화함으로 두 사람을 설득해서 결국 그들이 사표를 철회하고 다시 직무를 계속하게끔 만들었다.

수어드가 다른 각료들과 사이가 좋지 않으며, 실제로 자신이 '수상' 행세를 했고, 때론 대통령의 권한까지 대행하려는 월권행위를 하기는 했지만, 링컨에게는 가장 중요한 조력자였다. 특히 수어드가 전쟁 중에 외교문제를 총괄함으로써 링컨의 어깨를 가볍게 해주었다. 남북전쟁은 연방을 유지하느냐 마느냐의 위기였으며, 동시에 미국이 그동안 고수해왔던 중립주의를 지키면서 유럽의 개입으로부터 실질적인 독립을 유지하느냐 아니면 그것을 포기하느냐의 기로였다. 유럽 국가들은 남북전쟁의 위기로 미국 연방이 해체되기를 원했다. 영국과 프랑스는 남부연합을 독립된 정부로 인정하려는 움직임까지 보였다. 여기에 호시탐탐 태평양과 라틴아메리카 진출을 꾀했던 유럽 국가들은 미국의 위기를 틈타 그 지역에서 그들의 야욕을 챙기려고 했다.

이러한 유럽의 간섭과 개입을 저지했던 사람이 수어드였다. 그는 남북전쟁이라는 위기로 인해서 미국의 전통적인 중립주의나, 아메리카 대륙에 대한 미국의 '명백한 운명'이 포기될 수 없다는 확고한 신념을 가졌다. 링컨은 수어드의 이러한 신념과 그 신념을 뒷받침할 수 있는 외교적 경험과 능력을 믿었다. 수어드가 개성이 강하고, 각료들과 화합하지 못하며, 자칫하면 대통령 위에 군림할 수 있는 정치적 능력을 갖춘 사람이긴 하지만, 링컨은 그에게 절대적인 신뢰를 보냈다. 미국의 미래가 현실의 위기에 수장될 것을 염려한 링컨은 수어드야말로 그러한 우려를 잠식시킬 최적의 인물이라고 믿었기 때문이었다.

링컨의 판단은 정확했다. 수어드는 유럽 국가들이 미국의 위기를 이용하려는 것을 차단했다. 남북전쟁이라는 미국 최악의 위기 속에도 외교적으로 미국과 기타 아메리카 대륙에서는 별다른 변화가 없었다. 수어드의 외교력과 수어드에 대한 링컨의 절대적인 신뢰로 인해 미국의 위기는 미국과 아메리카 대륙에서 유럽의 호기로 작용하지 못했다.

좋은 예로 멕시코 사태를 들 수 있다. 나폴레옹 3세는 미국의 위기를 틈타 1863년 6월 멕시코의 외채 상환 보류를 빌미로 무력으로 멕시코시티를 점령하고, 멕시코를 사실상 프랑스의 군정 아래 두었다. 멕시코에 친프랑스 허수아비 정권을 세우면서 멕시코뿐 아니라, 중남미 곳곳을 프랑스의 식민지 개척 전진기지로 삼으려 했다. 유럽 국가의 동맹이 절실했던 남부연합은 멕시코의 새로운 정부를 인정하며 나폴레옹의 환심을 사려 했다. 하지만 수어드는 승인을 거부했다. 게다가 수어드는 "미국이 추구하는 비개입주의를 모든 유럽 국가들이 존중해야 한다"고 선포했고,[8] 때가 되면 미국은 멕시코의 프랑스 정권을 무력으로 넘어뜨릴 것이라고 으름장을 놓았다. 결국 남북전쟁에서 남부연합이 패배하고, 프랑스가 멕시코에서 철군함으로써 멕시코 사태는 일단락되었다. 프랑스의 국내 문제와 유럽 국가들의 복잡한 역학관계도 그 배경에 있었지만, 무엇보다도 미국의 강경한 입장으로 인해 프랑스는 더 이상 멕시코에서 그들의 목적을 추구할 수가 없었다.

'작은 링컨' 수어드, 알래스카를 사다

링컨은 그의 임기 내내 수어드를 신임했다. 링컨은 외교문제뿐 아니라 국사 전반에 대해서 수어드에게 의견을 물었고, 그 의견들을 존중했다. 링컨의 취임사에도 수어드의 의견이 들어갔다. 링컨은 1862년 9월, 노예해방령을 선포하려 했으나 전선에서 뚜렷한 승전소식이 있은 후 발표하자는 수어드의 제안을 받아들여, 1863년 초에 노예해방령을 발표했다. 1864년 재선에 성공한 링컨은 여전히 수어드를 국무장관에 유임시켰고, 수어드는 전쟁이 마무리될 때까지 미국의 외교를 깔끔하게 수행했다. 1865년 4월 9일, 아포메톡스에서 남부연합 총사령관 로버트 리 장군이 율리시스 그랜트 북군 총사령관에게 공식적으로 항복을 했다는 소식을 접한 후 링컨이 가장 먼저 방문한 곳은 사고를 당해서 치료 중이었던 수어드의 집이었다. 남북전쟁 내내 수어드 본인이 그렇게 행동했듯이, 그는 대통령 링컨을 보좌하는 '수상'이나 다름없었다. 수어드는 링컨의 분신이었다.

국무장관 수어드 링컨은 미국의 미래를 예단하고, 그것을 위해 최선을 다할 수 있는 인물로 한때 그의 정적이었던 수어드를 국무장관에 임명한다. 수어드는 미국 최고의 국무장관으로서 미국의 미래를 위한 발판을 마련한다.

    그러나 그 분신도 링컨과 함께 암살자의 손에 유명을 달리할 뻔했다. 링컨이 암살당한 날 밤에 집에서 쉬고 있던 수어드는 다른 공범자에 의해 공격을 받았다. 다행히 목숨을 구할 수 있었지만, 그 충격으로 그의 부인은 2개월 후 세상을 떠났고, 수어드는 죽을 때까지 얼굴에 큰 흉터를 달고 다녔다.

    미국은 연방을 지켰지만 링컨을 지키지 못했다. 링컨이 없는 미국은 혼란의 연속이었다. 링컨의 뒤를 이은 존슨 대통령은 재건문제를 성공적으로 풀어가지 못했다. 존슨의 개인적인 능력도 문제였지만, 당시 상황에서는 누구도 그 문제를 해결할 수가 없었다. 찢긴 연방을 물리적으로는 수습할 수 있었지만, 전쟁이 남긴 정서적인 아픔을 치유하기란 너무 버거운 국가적 과제였다. 존슨을 결국 탄핵 심판대에 오르게 한 것은 그의 불의라든가 무능력 때문이 아니라 시대의 심판이었다.

이런 와중에 수어드는 묵묵히 국무장관으로서 자신의 소임을 다했다. 그는 링컨이 살아 있을 때보다 오히려 더욱 외교문제에 총력을 기울였다. 당시 외교적으로 가장 큰 문제였던 멕시코 사태에서 수어드는 계속 강경한 입장을 취했다. 프랑스는 멕시코에서 철군하기로 결정했지만 이제는 오스트리아가 프랑스의 철군 계획을 간파하고 멕시코에 파병할 움직임을 보였다. 수어드는 "남북전쟁에 의해 일시적으로 중단되었던 먼로 독트린이 다시 부활해야 한다"고 오스트리아에 엄중히 경고했다.[9] 수어드의 압력에 따라 오스트리아는 멕시코 파병 계획을 철회했다.

수어드의 시선은 중남미뿐 아니라 태평양에도 걸쳐 있었다. 수어드는 미국의 미래는 태평양에 있다고 보았다. 1848년 캘리포니아에서 금광이 발견되면서 미국은 골드러시Gold Rush의 광풍에 휩싸였고, 너도나도 서부로 향했다. 순식간에 황량했던 서부는 야망에 찬 개척민들로 북새통을 이루었다. 미국의 운명이 태평양과 그 너머에 있을 것이라고 제퍼슨도 예견했지만, 그렇게 빠른 시일에 태평양이 미국에 가깝게 다가올지는 아무도 몰랐다.

수어드는 향후 미국의 미래가 될 태평양을 생각하며 우선적으로 해야할 일은 태평양에 대한 러시아의 야망을 저지하는 것이라고 보았다. 러시아는 끊임없이 태평양을 통한 동방진출정책을 시도했다. 이러한 러시아의 움직임이 1823년 먼로 독트린을 발표하게 된 작지 않은 배경이었다. 그는 미국의 서방정책과 러시아의 동방정책이 어느 시점에서 숙명적으로 마주칠 것이라고 예상했다. 또한 그 대결에서 미국이 유리한 고지를 점령하기 위해서 알래스카를 확보해야 한다고 보았다. 수어드가 러시아에 알래스카를 매입할 의사를 타진하자 러시아는 적극적으로 호응했다. 수어드와는 달리 러시아는 알래스카가 훗날 러시아와 미국의 대결에서 얼마나 중요한 역할을 할지 알지 못하고 있었다.

하지만 문제는 미국 내에서 알래스카 매입에 관심이 없었다는 데 있었다. 미국 의회는 수어드가 아무런 가치 없는 '얼음 덩어리'를 매입하려 한다고 비판했다. 신문들은 알래스카를 '수어드의 아이스박스'라고 비아냥거렸다. 아이러니하게도 미국에서 알래스카 매입에 반대 의견이 높아지자, 러시아가 오히려 안절부절못했다. 워싱턴 주재 러시아 공사는 7만 3,000달러를 들여 의회의 반대 인사들을 매수해 미국이 알래스카를 매입하도록 로비까지 할 정도였다.

수어드는 줄기차게 알래스카 매입을 주장했고, 결국 미국은 1867년 3월 알래스카 매입에 성공했다. 미국이 지불한 금액은 고작 720만 달러였다. 여전히 미국에서는 알래스카 매입에 대한 부정적인 견해가 지배적이었기에 매입에 따른 축포는 울리지 않았다. 그러나 얼마 지나지 않아 미국은 향후 미국 서방정책의 전진기지가 될 뿐만 아니라 무한한 천연자원의 보고인 알래스카의 가치를 알게 되었다. 반대로 러시아는 그들의 실수를 뒤늦게 알게 되었지만, 이미 운명은 지나간 후였다.

어느 역사가는 수어드를 "존 퀸시 애덤스 이후 미국에서 가장 뛰어난 국무장관"이라고 평가했다.[10] 수어드는 어쩌면 애덤스보다 더 훌륭한 국무장관이라고 할 수 있다. 애덤스는 아메리카 대륙에서 미국의 영향력을 확보하려고 노력했고, 먼로 독트린을 탄생시킨 장본인이었지만, 당시 미국은 애덤스와 생각을 같이하는 사람들이 적지 않았다. 그러나 수어드는 고립무원에서 홀로 분투해서 선조들의 먼로주의를 지켜냈고, 미국의 미래를 위한 발판을 마련했다. 남북전쟁과 재건이라는 연방 최대의 위기 속에서 대다수의 사람들은 그 위기를 극복하는 데만 급급했다. 그때 수어드는 묵묵히 미국의 미래를 생각했고, 그 미래를 위한 교두보를 확보하는 데 총력을 기울였던 것이다.

'작은 링컨' 혹은 '링컨을 보좌하는 수상'으로서 수어드는 결국 링컨이 만들어낸 미국 최고의 국무장관이었다. 모든 사람들이 국내 문제에 몰두하고 있을 때, 아메리카 대륙에서뿐만 아니라 그밖에 다른 문제까지 포함해서 미국의 미래를 예단하고, 그것을 위해 최선을 다할 수 있는 그런 국무장관을 선택했고, 그의 운명의 마지막까지 미국의 운명을 위해 함께 했던 링컨은 탁월한 미래지향적 리더였다.

시어도어 루스벨트
Theodore Roosevelt

강한 정부가
혁신한다

스스로 카우보이 대통령이 되다

1901년 9월, 윌리엄 매킨리William Mckinley 대통령이 암살되자 부통령 시어도어 루스벨트가 대통령에 취임했다. 그리고 1904년 대통령 선거에서 루스벨트는 압도적인 승리로 당선되었다. 7년간의 대통령 재임 기간 동안 루스벨트는 미국사의 한 획을 긋는 중대한 개혁을 감행했다. 이제 매킨리 시대는 과거 속으로 사라지고 루스벨트의 시대가 도래한 것이다.

　루스벨트는 매킨리와 달리 모든 사안에서 적극적으로 대통령의 임무를 수행했다. 그는 적어도 링컨 이후 가장 추진력이 뛰어난 대통령이었다. 거대 자본가들과 대기업의 독점에 과감하게 도전했고 수많은 독점 기업을 해체시켰다. '트러스트 파괴자trust buster'라는 명성을 얻은 루스벨트는 거대 산업자본가가 아닌 대통령이, 대기업이 아닌 백악관이 미국을 움직이는 중심부임을 명확히 했다. 또한 미국은 더 이상 방관자의 입장에서 세계 제국주의 경쟁을 바라보지 않고, 적극적으로 개입해서 미국의 이상을 펼치고 이익을 추구할 것임을 확실히 했다. 20세기가 '미국의 세기'라고 한다면, 루스벨트는 그 미래를 위해 가장 먼저, 적극적으로 '미국의 세기'를 준비한 대통령이었다.

루스벨트의 미래지향적 품격은 미국의 과거에 대한 뚜렷한 역사적 시각에 근거했다. 루스벨트에게 미국이 그동안 이룩한 과거는 미래를 위한 거울이었다. 그리고 그 거울에 비친 과거 미국의 모습은 서부 개척에 있었다.

루스벨트는 젊은 시절 미국 역사에서 서부가 차지하는 의미를 찾는 데 몰두했다. 그는 서부 개척에 대한 역사적 의미를 학문적으로 탐구하는 것뿐 아니라 서부에서 수년간 사냥과 목축을 하면서 몸소 서부의 삶을 체험했다. 이런 체험을 바탕으로 1889~96년까지 서부에 대해 쓴《서부 정복사Winning of the West》를 출판했다.《서부 정복사》는 미국의 서부 역사에 이정표가 되는 획기적인 연구물이다. 이 책이 학술적 가치보다 더 큰 것은 역사가이며 정치가인 루스벨트의 저작이라는 데 있다. 루스벨트는 서부 개척이야말로 미국의 제도와 미국적 가치, 미국의 국가적 정체성을 확립하는 가장 중요한 요소로 보았다. 그는 미국인들이 서부의 광활한 개방지를 개척하면서 서서히 유럽의 문화에 이탈해서 미국만의

제26대 대통령 시어도어 루스벨트 그는 프런티어 전통을 재확인하는 동시에 거대 자본가들과 대기업의 독점에 과감하게 도전했고 수많은 독점기업을 해체시키면서 혁신주의 시대를 주도했다.

고유한 국민성과 국가 정체성을 확립했다고 확신했다. 루스벨트는 이러한 서부 개척사에 대한 의미를 부여하면서 미국이 앞으로 나아가야 할 방향을 제시한 것이다.

　루스벨트는 본인 스스로를 카우보이 이미지로 만들어갔다. 이러한 이미지는 루스벨트 자신뿐 아니라 향후 미국의 이미지에도 중대한 의미를 담고 있다. 미국 서부는 항상 미국인들에게 정착되지 않는 미지의 세계이며 신화적 지역이었지만, 제퍼슨은 '자유의 제국'을 건설하는 데 절대적으로 필요한 지역으로 여겼고, 잭슨도 프런티어 이미지로 대통령에 당선되었으며, 링컨도 프런티어의 '통나무집' 성장을 배경으로 일반 국민의 관심을 끌었다. 그러나 프런티어는 대체로 미시시피 강 동쪽이나 주변을 의미했지, 캘리포니아를 포함한 먼 서부를 의미하지는 않았다. 그 지역은 정착되지 않는 거친 황야의 이미지로서 미국인들에게 다가왔다. 하지만 1848년, 캘리포니아에서 금이 발견되자 서부에 대한 이미지는 급격히 변하게 되었다. 수많은 미국인이 무작정 서부로 향했고, 더 많은 사람들이 유럽은 물론이고 멕시코와 중국 등지에서 캘리포니아로 향했다. 미국 문명은 순식간에 태평양과 맞닿아 있는 서부로 옮겨지고 있었다.

하지만 이런 새로운 문명의 흐름을 보는 기존 미국인들의 시선은 좋지 않았다. 황금만능주의, 한탕주의, 무절제한 개인주의 등이 서부 개척자들에 대한 이미지로 채색되었다. 여기에 카우보이들도 마찬가지였다. 남북전쟁 이후 미국의 음식문화가 바뀌면서 소 목축업은 대호황을 이루었다. 텍사스와 오클라호마 등 미국의 중남부와 중서부 지역에서는 소몰이꾼, 즉 카우보이가 새로운 직종으로 등장했다. 그러나 실질적으로 황야에서 소를 모는 일은 쉽지 않았기에, 그렇게 인기 있는 직종이 아니었다. 상당수의 카우보이들은 멕시코 출신이거나 흑인들이었다. 이들은 대체로 독신이었으며, 성적으로 괴팍한 사람들이었고, 문맹자였으며, 도박과 술에 찌든 황야의 막노동꾼이나 다름없었다.[11]

이러한 카우보이 이미지에 새로운 변화를 준 사람이 루스벨트였다. 루스벨트가 서부 개척사에 대한 책을 출판하고, 몸소 서부에서 카우보이 생활을 체험하며, 카우보이모자를 즐겨 쓰면서 거칠지만 남성적이고 진취적인 서부인의 이미지를 부각시킨 것은 일반 미국인들에게 서부를 보는 새로운 시선을 갖게 만들었다. 물론 카우보이를 포함해서 서부에 대한 긍정적인 이미지는 얼마 후 할리우드의 서부영화가 결정적인 역할을 했지만, 루스벨트는 서부로 향하는 미국 문명의 흐름에 의미를 부여하고, 국민으로 하여금 이에 대한 자부심을 갖게 하면서, 이를 토대로 다가오는 미래를 준비하게 만들었다.

루스벨트 덕분에 그다음부터 대통령 선거 때마다 후보들이 카우보이 모자를 쓰며 자신들의 이미지를 카우보이 이미지와 동일시하기 시작했다. 카우보이 이미지가 자유분방하면서도 정의롭고 명예를 존중하며 진취적인 기상을 대변하기 때문이다. 국가의 정체성이나 국민성은 상당 부분 만들어진 전통이다. 미국의 경우는 더더욱 그렇다. 이런 점에서 루스벨트는 미국 문명의 미래를 제시한 리더였을 뿐 아니라 미국의 전통을 만드는 데 지대한 공헌을 했다.

'위로부터의 개혁'이 필요하다

카우보이 대통령 루스벨트는 국내 개혁에서도 그의 카우보이 이미지를 유감없이 발휘했다. 야성적이며 불의를 보고 참지 못하는 정의로운 카우보이로서 루스벨트는 당시 미국이 안고 있는 국내 문제를 대담하게 해결하는 정의의 사도였다. 루스벨트는 미국이 과거 프런티어의 향수에 안주할 것이 아니라 과거의 전통을 "새로운 세기에 걸맞은 혁신적인 동력"으로 연결시켰던 것이다.[12]

남북전쟁 후 미국의 경제발전은 무서운 속도와 힘으로 전개되었다. 20세기를 '미국의 세기'라고 한다면 19세기 말 미국의 산업화는 '미국의 세기'를 준비하면서 마지막 박차를 가하는 시기라 할 수 있다. 하지만 급속한 산업화는 급격한 사회변화를 가져왔다. 산업화는 가진 자와 가지지 못한 자의 갈등을 심화시켰고, 노사분규는 사회적 불안요소로 등장했다. 찬란한 산업시대의 뒤안길에 가려진 농부들의 경제적 고충과 심리적 박탈감은 높아갔다. 게다가 기존의 미국인들과 새로운 이민자들 간의 갈등이 고조되었다. 폭발적인 산업화는 미국 자본주의 체제뿐 아니라 민주주의 체제와 그것을 뒷받침하는 국민의 자긍심에 심대한 도전을 불러왔다. 아메리칸 드림은 자칫 '아메리칸 호러horror'로 돌변할 위기에 처했다. 일그러진 미국은 뭔가 새로운 변화와 개혁이 필요했다.

미국인들은 매킨리 대통령의 암살로 우연히 대통령이 된 루스벨트가 산업화에 대한 공화당의 기본 노선과 선임자의 정책을 그대로 승계할 것으로 예상했다. 그는 뉴욕의 부유한 집안 출신에다가 하버드 대학을 나온 엘리트였기 때문이었다. 누구나 루스벨트가 기존 보수 엘리트 계층을 대변할 것으로 예상했다.

그러나 예상은 빗나갔다. 루스벨트는 대통령 취임 후 곧바로 "부패한 정치가는 물론이고 부패한 주식회사에게는 사정없이 칼날이 필요하다"고 선언하면서 독점 자본가들에게 도전장을 내밀었다. 그리고 이 선언을 곧바로 실행에 옮겼다. 그 대상은 당시 미국 최대의 철도 트러스트 회사인 '북부증권회사'였고, 소유주인 모건J.P. Morgan이었다. 산업자본가들은 반세기 동안 정부 위에 군림했고, 모건은 당대 미국의 최대 산업자본가였다. 루스벨트가 '북부증권회사'란 거대 트러스트를 해체한 것은 일종의 혁명이나 다름없었다.

'북부증권회사'의 해체라는 거대하면서도 상징적인 개혁을 성사시킨 루스벨트는 미국의 '혁신주의 시대Progressive Era'를 주도했다. 사실 루스벨트는 어떤 특정한 계층에 대한 파괴보다는 미국의 자본주의를 "함께 하는 민주주의"로 만들기 위한 초석을 다지고자 했을 뿐이었다. 1904년 대통령 취임식에서 그는 미국 역사상 가장 많은 사람들을 초대했을 뿐만 아니라 가장 다양한 계층의 사람들을 초대했다. 이중에는 인디언, 카우보이, 탄광 노동자, 군인, 학생 등 각양각색의 사람들이 포함되었다. "함께 하는 민주주의"를 상징적으로 보여주기 위함이었다.

루스벨트가 가진 품격의 진수는 그가 개인적 배경이나 이념을 초월해서 개혁의 선봉에 섰다는 점이다. 뉴욕의 부유한 명망가 출신인 그는 태생적으로 보수 엘리트주의자이며, 공화당 신봉자로서 미국 산업화를 선도하는 대기업을 해체할 의도는 없었다. 하지만 큰 혁명을 막기 위해서는 작은 혁명이 필요하다고 보았다. 19세기 말 급격한 산업화에 따른 부작용과 반작용은 미국 자본주의와 민주주의를 위협하게 되었고, 이를 막기 위해서 대통령은 헌법이 보장하는 모든 권한을 사용해서 그러한 작은 혁명을 수행해야 한다고 믿었던 것이다.

미국뿐 아니라 산업화를 먼저 시작했던 유럽 국가들은 이미 이러한 산업화 이후의 홍역을 겪고 있었다. 곳곳에서 무정부주의, 사회주의, 공산주의 세력들이 준동하고 있었다. 20세기 초 러시아혁명은 이러한 움직임이 낳은 가장 극단적인 결과라고 할 수 있다. 미국도 이런 명징한 세계사적 조류에서 예외일 수 없었으며, 여느 산업국가와 마찬가지로 혁명의 길목에 있었다. 자칫 '아래로부터의 혁명'에 휘말릴 수 있었으며, 미국의 자본주의와 민주주의는 심대한 위기에 처할 수 있는 상황이었다. 이러한 역사적 흐름에서 루스벨트는 '위로부터의 개혁'을 선택했다. 그 자신의 배경을 놓고 볼 때, 전혀 그러한 개혁을 시도할 인물이 아니었지만, 그는 냉엄한 시대 판단과 단호한 리더십으로 자본주의와 미국의 민주주의를 지키려 했을 뿐 아니라, 이러한 개혁을 통해 자본주의와 민주주의를 진화시키면서 더욱 곧추세우려 했던 것이다.

미국 자본주의 최대의 위기는 1930년대 '대공황'으로 찾아왔고, 미국은 그 위기를 잘 극복했다. 루스벨트가 선도한 혁신주의 경험과 전통이 없었다면, 과연 미국이 대공황을 성공적으로 극복할 수 있었을까? 이런 의문을 생각하면, 시대의 흐름을 간파하고 시대의 개혁을 주도했던 루스벨트의 품격의 역사적 진가를 새삼 깨달을 수 있다.

적극적으로 세계에 뛰어들다

루스벨트가 카우보이 이미지로 정책을 펼쳤던 가장 큰 영역은 외교에 있었다. 카우보이가 외로운 황야의 개척자라면 루스벨트는 분명 외교 분야에서 카우보이 대통령이었다. 1898년 스페인과의 전쟁을 시발점으로 미국은 제국주의 경쟁에 뛰어들었다. 미국은 적어도 태평양과 라틴 아메리카에서 미국의 이익을 챙기기 시작했다. 이것은 좁은 의미로 보면 먼로주의가 내포한 미국의 전통적 국익을 추구한 것이며, 넓은 의미로 보면 제국주의 팽창에 시동을 걸었던 순간이었다. 이러한 변화의 중심에 루스벨트가 있었다.

루스벨트는 대통령이 되기 훨씬 전부터 이른바 '큰 정책Large Policy'을 주창하는 얼마 되지 않는 정치인이었다. '큰 정책'은 제국주의 경쟁시대에 미국이 더 늦기 전에 적극적으로 세계질서에 뛰어들어 미국의 국익을 챙겨야 한다는 정책이다. 루스벨트는 1882년 24세의 나이에 이미 《1812년 해전The Naval War of 1812》을 저술하면서 학계를 놀라게 했다. 그는 이 책에서 해군의 중요성을 부각시키면서 약육강식의 제국주의 경쟁에서 미국도 산업화에만 치중할 것이 아니라, 강한 해군을 양성해야 한다고 주장했다. 한편 루스벨트의 친구였던 앨프리드 머핸Alfred T. Mahan 제독은 1890년《해군이 역사에 미친 영향The Influence of Sea Power upon History》을 저술해 세계를 지배했던 국가들은 강한 해군력에 그 기반을 두었음을 상기하며 미국도 하루빨리 강한 해군력을 길러야 한다고 주장했다. 루스벨트나 머핸이 주창하는 '큰 정책'은 그 당시 미국에서는 소수 의견이었다. 대부분의 미국인들은 국외 문제에 관심이 없었다. 대다수의 미국인들에게 먼로주의는 미국이 추구해야 할 전통적인 원칙으로 각인되었고, 제국주의 경쟁에서 비켜나 있는 것이 미국의 가치와 제도를 지킬 수 있는 최선의 방법이라 여겼다.

1898년, 스페인과의 전쟁을 놓고 미국이 찬반양론으로 나뉘었을 때 루스벨트는 그 누구보다도 전쟁의 필요성을 강조했다. 해군 차관으로서 루스벨트는 다가오는 전쟁을 치밀하게 준비했다. 대표적인 사건이 2월 25일 미국의 동아시아 함대 사령관 조지 듀이George Dewey 제독에게 만약 전쟁이 발발할 경우, 스페인 함대들이 아시아 지역을 떠나지 못하도록 저지하라는 전문을 보낸 일이다. 루스벨트는 스페인과 전쟁이 발발한다면, 그 승부처는 쿠바나 인근의 중남미지역이 아니라 멀리 아시아에 있다고 보았다. 스페인의 전쟁물자나 구원부대가 필리핀에서 태평양을 건너 중남미로 전달되는 것을 막을 수 있다면 미국의 승리가 보장되리라고 믿었던 것이다.

루스벨트의 예측은 적중했다. 전쟁이 발발하고 첫 전투는 필리핀의 마닐라 만에서 벌어졌다. 5월 1일 마닐라 전투에서 듀이가 이끈 미국의 아시아 함대는 압승을 거뒀다. 태평양 항로가 막힌 스페인은 사실상 8주 만에 미국에 완패했다. 한때 아시아-태평양, 중남미에서 최강의 제국으로 군림했던 스페인으로서는 굴욕적인 패배였고, 미국은 이 전쟁을 '짧고도 찬란한 전쟁'이라 자축하며 신흥 제국임에도 스페인이 지배했던 지역을 자신들의 영향권 아래 두었다.

루스벨트는 전쟁이 발발하자 직접 전쟁에 뛰어들었다. 마닐라 전투 후 그는 해군 차관직을 사임하고, 직접 쿠바 전투에 뛰어들었다. 그리고 그가 알고 지낸 카우보이들을 모아서 정식 군대가 아닌 일종의 자원민병대를 구성했다. 이들이 그 유명한 '거친 카우보이들Rough Cowboys'이었다. 루스벨트가 이끈 '거친 카우보이들'은 7월 1일 쿠바의 산 후안 전투에서 스페인 부대를 제압하고 혁혁한 공을 세웠다. 그는 위험을 무릅쓰고 말을 타고 선두에 서서 전투를 진두지휘했다. 미국-스페인 전쟁에서 신화 같은 영웅이 탄생하는 순간이었다.

대통령이 되어서도 루스벨트는 제국주의 경쟁시대를 맞아 미국의 힘을 기르면서 미래를 준비하는 데 총력을 기울였다. 그중에 가장 대표적인 것이 파나마 운하 건설이었다. 파나마 운하는 원래 프랑스가 건설을 시작했지만, 1889년부터 황열병과 재정난으로 운하 건설이 중단된 상태였다. 루스벨트는 대통령이 되자마자 파나마 운하 건설에 강한 의지를 표명했다. 미국이 운하 건설을 취득하기에는 장애물이 만만치 않았다. 프랑스는 권리금으로 거액의 금액을 요구했고, 파나마 지역을 지배하고 있던 콜롬비아 역시 거액의 금액을 요구했으며, 영국은 운하의 중립권을 내세우며 미국을 견제했다. 1903년 11월, 파나마가 콜롬비아로부터 독립을 선포하자 루스벨트는 그 기회를 포착해서 파나마 정부와 협상에 들어갔고, 결국 파나마는 미국의 제안을 받아들였다.

초기 기초공사가 한창이던 1906년, 루스벨트 대통령은 파나마 운하 건설 현장에 나타났다. 파나마의 늪에서 굴착기에 앉아 기계를 조작하는 루스벨트의 모습이 신문을 통해서 미국 국민에게 전달되었다. 국민은 열광했고, 루스벨트는 스스로를 자랑스러워했다. 루스벨트는 파나마 운하 건설을 두고 그가 대통령으로서 이룩한 가장 위대한 업적이라고 자부했다. 대서양과 태평양을 연결하는 파나마 운하는 향후 라틴아메리카와 태평양지역에서 미국의 영향력을 높이는 미국의 수로였기에, 떠오르는 미국 제국의 상징적 표상이었다.

루스벨트는 라틴아메리카 지역 못지않게 동아시아 지역에도 관심이 높았다. 그는 일찍부터 동아시아에 대한 헤게모니를 놓고 결국 미국, 러시아, 일본이 대결을 벌일 것으로 예견했다. 그러나 아직 동아시아에 대한 미국의 관심이 적은 상태였기에, 당분간 러시아와 일본이 대치할 것

'위대한 흰색 함대'를 그린 풍자만화 이 함대는 뉴질랜드, 오스트레일리아, 중국, 필리핀, 일본과 같은 아시아-태평양 지역뿐 아니라 지중해 지역까지 항해했다.

이며, 특히 한반도와 만주를 두고 두 나라가 패권경쟁을 벌일 것으로 예상했다. 이 지역에 대한 두 나라의 진출을 예의주시한 까닭은 훗날 필연적으로 동아시아와 태평양에 대한 영향력을 놓고 미국과 경쟁할 것이라고 보았기 때문이었다.

　루스벨트 예상은 생각보다 빨리 현실로 다가왔다. 1904년 러일전쟁이 발발했으며, 예상을 뒤엎고 전쟁은 일본에게 유리하게 전개되었다. 그러자 루스벨트는 평화중재를 자원했다. 러시아의 완전한 패배는 결국 미국에도 유리하지 않다고 보았기 때문이었다. 루스벨트는 양국 협상대표를 뉴햄프셔의 포츠머스로 불러들여 평화협상을 주도했고, 여러 이해관계로 난관에 부딪혔지만 결국 협상을 성사시켰다. 1906년, 루스벨트는 러일전쟁을 중재한 공로로 노벨 평화상을 수상하기도 했다. 그는 남은 임기 동안 미국의 해군력을 증강시키는 데 심혈을 기울였다. 향후 동아시아-태평양의 주도권을 놓고 벌인 일본과의 대결을 준비하기 위함이었다. 1907년, 루스벨트는 16척의 미군 전함에 명령을 내려 전 세계를 항해하게 했다. 모든 군함이 흰색 페인트로 칠해졌기 때문에 '위대한 흰색 함대Great White Fleet'로 불렸다. 1907년 12월 16일부터 1909년 2월 22일까지 '위대한 흰색 함대'는 뉴질랜드, 오스트레일리아, 중국, 필리핀, 일본과 같은 아시아-태평양 지역뿐 아니라 수에즈 운하를 통해 지중해 지역까지 항해했다. 미국에서는 이 항해에 대해 비판이 많았다. 경비조달 문제도 비판의 이유 중에 하나였지만, 항해의 필요성이나 효용성도 비판 대상이었다. 루스벨트의 측근들도 대통령의 결정에 의아했다. 하지만 루스벨트는 이 항해가 전적으로 '친선 사절' 목적이며, 세계 평화 구축을 위한 미국의 상징적 의지 표명이라고 해명하며 항해를 강행했다.

루스벨트의 의도는 자명했다. 결국 '위대한 흰색 함대'의 세계 일주를 통해 갈수록 제국주의 경쟁이 치열해지고 있던 전 세계에 미국의 국력을 과시하게 되었고, 결과적으로 20세기는 '미국의 세기'가 되었다. '위대한 흰색 함대'의 세계 일주는 이러한 '미국의 세기'를 알리는 항해였다. 그 당시 아무도 그러한 상징적 의미를 알지 못했다. 미국 의회나 미국 국민이나, 심지어 루스벨트의 측근 각료들조차 항해에 대해 고개를 갸우뚱거렸다. 오직 그만이 '위대한 흰색 함대'의 항해가 필요하다고 확신했다. 그런 점에서 '위대한 흰색 함대'는 '루스벨트의 함대'라고 불러도 무방할 것이다.

존 케네디
John kennedy

국민이 무엇을
할 수 있는지 제시하라

'뉴 프런티어'로 미국을 통합하다[13]

1988년 미국 대통령 선거 텔레비전 토론회에서 있었던 에피소드다. 부통령 후보 토론에서 한 공화당 후보가 자신을 케네디 대통령에 비유하자, 민주당 후보가 그에게 "미안하지만 당신은 케네디가 아니올시다"라고 핀잔을 주었다. 이후 "당신은 케네디가 아니다"라는 말은 실제 능력이나 위상보다 더 크게 자신을 치켜세우는 정치인을 비아냥거리는 말이 되었다. 존 케네디 대통령은 미국인들에게 프랭클린 루스벨트 이후 가장 인기 있는 대통령이다. 1983년 갤럽 조사에서는 케네디가 역대 대통령 중에서 가장 인기 있는 대통령으로 나타났다. 그렇기 때문에 미국 정치인들은 당을 초월해 앞다퉈서 자신을 케네디에 비유하기를 좋아한다.

왜 미국인들은 케네디를 좋아하고 그리워할까? 그것은 케네디가 보여준 진취적이며 미래지향적인 품격 때문이다.

1960년대 미국은 문화적·정신적·정치적으로 혼돈의 시대였다. 제2차 세계대전 후 평화는 찾아왔지만 냉전구도는 가속화되었고, 세계 속의 경찰국가로 자임하는 동안, 미국의 자유와 평등은 가려져 있었다. 미국의 도심은 황폐화되었고, 빈민자의 숫자는 늘어만 갔다. 곳곳에서 폭동과 소요가 일어났고, 시민들은 심각한 무사안일주의에 빠지고 있었다. 케네디는 이러한 시대의 흐름을 읽고 있었다. 케네디는 국민이 미국의 가치에 회의를 느끼고 있으며, 미래에 대한 불안을 갖고 있다는 것을 간파하고 있었고, 무엇보다도 국민의 무사안일주의를 걱정했다. 그는 이를 극복하기 위해서 뭔가 새로운 비전을 제시하고자 했다.

케네디의 선택은 '뉴 프런티어New Frontier'였고, 그중에 하나가 '평화봉사단Peace Corps'이었다. 평화봉사단의 대상은 빈곤에 허덕이는 민족들이었지만, 케네디가 노리는 가장 큰 의도는 미국의 젊은이들에게 그들이 국가와 세계를 위해서 뭔가 할 일을 제공하는 것이었다. "국민 여러분, 여러분의 나라가 여러분을 위해 무엇을 해줄 수 있는지 묻지 말고, 여러분이 나라를 위해 할 수 있는 일이 무엇인지 물어보십시오." 그가 취임사에서 외쳤던 이 말은 품격의 새로운 패러다임을 제시한 것이었다. 대체로 취임사에서 대통령은 새 정부가 추구하는 정책과 비전을 제시하는 것이 통례였다. 하지만 케네디는 거꾸로 국민에게 국가를 위해 무엇을

제35대 대통령 존 케네디 그는 '뉴 프런티어'는 도전이며, 이는 국민에게 정부가 제공하는 평안이 아니라 더 많은 희생을 요구하는 도전이라고 밝혔다.

할 것인가를 능동적으로 찾고 실행에 옮길 것을 종용했다.

　케네디는 뉴 프런티어가 성공하기 위해서는 국민의 자발적인 참여가 열쇠라는 점을 잘 알고 있었다. 그래서 그는 뉴 프런티어를 위한 구체적인 일정을 제시하지 않았다. 그의 임기에 뉴 프런티어의 모든 것을 완성하려는 의지도 보이지 않았다. 그는 취임사에서 뉴 프런티어는 "100일 정도의 짧은 시간으로는 이룰 수 없으며 1,000일 안에도 이룰 수 없다"고 하면서 "우리의 생애 동안 이 지구상에서 이루어지지 않을 것"이라고 했다. 다만 "일단 시작은 해봅시다"라고 호소했다.

케네디는 대통령으로서 1,000일을 보내고 난 뒤 암살당하고 말았지만 수천, 수만의 미국 젊은이들은 아프리카, 아시아, 중동, 유럽, 중남미 등 77개국에서 케네디의 이상을 땀으로 실천했다.

좋은 리더는 조직이 당면한 문제에 해결책을 제공한다. 하지만 위대한 리더는 문제를 뛰어넘어 구성원들이 추구해야 할 미래지향적 비전을 제시한다. 뉴 프런티어 정신으로 미국이 당면한 문제를 뛰어넘어 국민에게 새로운 비전과 방향을 제시했던 케네디의 품격은 현대 미국을 만들었던 중요한 동력이었다.

무기력한 시대에 필요한 것은 도전정신

1960년대 미국은 정치적·사회적으로 혼돈과 갈등의 시대였다. 이 시대는 1920년대와 함께 미국 역사에서 주요 관심의 대상이다. 한 시대가 이렇게 역사적 주제로서 관심을 불러일으키는 데는 그만한 이유가 있다. 1920년대는 제1차 세계대전 이후 미국인들이 세계질서와 그 속에서 차지하는 미국의 위상에 '환멸'을 느꼈던 시기였다. 1960년대도 마찬가지였다. 제2차 세계대전 직후 찾아온 냉전과 그에 따른 정치적·사회적 분열, 그리고 그 뒤에 감춰진 미국 자본주의의 어두운 그림자들, 이 모든 것은 미국인들로 하여금 과연 무엇이 미국의 가치이며, 무엇이 미국이 나아가야 할 미래인지 심각한 회의를 품게 만들었다. 회의는 이내 혼란을 낳았고, 그 혼란은 유명 인사들의 연이은 암살로 상징화되었다. 케네디는 대통령 취임 후 채 3년도 지나지 않아 암살당했고 1965년에는 흑인 민권운동가 맬컴 엑스가 암살당했다. 1968년에는 마틴 루서 킹 목사가 암살당했으며, 2개월 뒤 케네디 대통령의 동생 로버트 케네디 상원의원이 암살당했다. 결과적으로 케네디의 암살은 1960년대를 얼룩지었던 '암살의 시대'의 서곡이었다.

임기를 채 채우지 못하고 암살자의 총탄에 유명을 달리할지 예견이라도 했을까. 케네디 대통령은 임기 중에 어떤 정책을 펴고, 무엇을 하기보다는 그가 대통령으로서 국민에게 어떤 비전을 제시하고, 어떤 상징성을 보여줄 것인가에 주력했다. 그런 점에서, 그가 취임사에 밝힌 그의 슬로건이자 비전인 '뉴 프런티어'는 윌슨 대통령이 주창했던 '뉴 프리덤'이나 프랭클린 루스벨트가 내세웠던 '뉴딜'과는 달랐다. '뉴 프런티어'는 정책이 아니라 비전이었다. 케네디는 1960년 민주당 대통령 후보로 선출되면서 후보수락 연설에서 이 점을 분명히 했다. '뉴 프리덤'과 '뉴딜'이 정부가 국민에게 제시한 "약속들이라면 '뉴 프런티어'는 도전"이며 이러한 도전은 국민에게 정부가 제공하는 평안이 아니라 국민에게 더 많은 희생을 요구하는 도전이라고 밝혔다.[14]

케네디는 대통령 취임사에서 미국이 추구하는 이상이 궁극적으로 성공하느냐 성공하지 못하느냐는 대통령이나 정부보다 국민 스스로에게 달려 있다는 점을 강조했다. 취임사 마지막에 던진 케네디의 호소는 이제 케네디의 전설적인 명연설의 일부분으로 남게 되었다. "그러므로 국민 여러분, 여러분의 나라가 여러분을 위해 무엇을 해줄 수 있는지 묻지 말고, 여러분이 나라를 위해 할 수 있는 일이 무엇인지 물어보십시오."

케네디는 실로 새로운 대통령상을 내세웠다. 즉 대통령은 국가와 국민의 책임자로서 국가와 국민에게 무엇을 할 것인가를 약속하는 것이 아니라, 국민 스스로 국가와 국민에 대해 무엇을 할 것인가를 요구하는 것이다. 케네디의 이러한 요구는 일견 시대의 상황과 맞지 않는 듯하다. 언뜻 보면 미국은 위기에 봉착해 있지도 않았다. 케네디는 평화로운 시절에 대통령에 취임했다. 제2차 세계대전은 끝난 지 오래되었고, 한국전쟁도 이미 과거사가 되었다. 당시 미국은 아직 베트남 전쟁에 개입하지 않고 있었다. 물론 냉전은 계속되었고, 국가의 최우선 과제는 소련 공산주의를 비롯한 세계 공산주의의 도전을 물리치는 것이었지만, 미국인들은 그것이 미국이 극복해야 할 즉각적인 위기로는 보지 않았다.

케네디는 공산주의나 외부의 도전, 그리고 눈에 보이는 도전보다는 눈에 보이지 않는 내부의 도전이야말로 새로운 정부가 극복해야 할 최우선 과제라고 여겼다. 국민은 정부를 불신했고, 무사안일주의에 빠졌다. 사실 케네디 본인이 대통령 선거에서 당선된 이유도 이러한 태평한 시대적 분위기 때문이었다. 1960년에는 최초의 텔레비전 선거가 실시되었다. 공화당 후보 리처드 닉슨Richard M. Nixon이나 민주당 후보 케네디가 텔레비전 토론에서 어떤 정책을 놓고 열띤 공방을 했는가는 국민에게 큰 관심사가 아니었다. 텔레비전 화면에 누가 더 평화롭고, 안정감 있으며, 더 잘생겼는지가 변수였다. 급진적인 반공주의로 무장하고, 많은 정책으로 국민의 관심을 끌고자 했던 닉슨은 그의 날카로운 이미지 때문에 고배를 들었다. 미국 역사에서 가장 근소한 차이로 케네디가 대통령에 당선되었다는 점을 생각해볼 때, 만약 텔레비전이 없었다면 닉슨이 압도적으로 승리했을 것이다.

이렇게 태평한 시대 덕분에 대통령에 당선되었으면서도, 케네디는 그러한 시대의 분위기를 새로운 도전으로 바꾸고자 했다. 그는 외부적인 도전이 아니라, 내부적·정신적인 도전이라고 생각했고, 취임사에서 "나팔 소리가 다시 우리를 부르고 있습니다. 그렇지만 그것은 무기를 들라는 부름이 아닙니다. 그것은 '희망이 보일 때 즐거워하고 고난이 있을 때 참으면서' 오랫동안 긴 싸움의 짐을 지라는 부름입니다"라고 역설했다. 즉 국민에게 전쟁이나 외부의 적에 대항해 나가서 싸우라는 것이 아니라, 미국과 미국의 밖에서 미국의 이상을 실현하기 위해 국민 스스로가 새로운 도전을 하라는 것이었다.

그 새로운 도전이 '뉴 프런티어'였다. 프런티어는 많은 미국인들에게 이미 사라진 용어이자 개념이었다. 세기 초에 시어도어 루스벨트가 프런티어의 이미지를 극대화하면서 프런티어를 미국의 전통과 가치의 상징적인 개념으로 승화시켰다. 그러나 대공황과 두 번째 세계대전을 겪은 미국에게 더 이상 프런티어는 없었다. 미국 서부는 급속히 개발되었으며, 캘리포니아는 정치·경제·문화 등 모든 면에서 미국의 새로운 상징이 되었다.

케네디는 사라진 프런티어를 재발견해서 다시 미국이 개척해야 할 새로운 개념으로 부활시켰다. 케네디의 뉴 프런티어 개념은 이후 "케네디의 도전정신과 새로운 도약을 상징하는 아이콘이 되었다."[15] 케네디는 미국이 찾아가야 할 새로운 프런티어를 제공한 것이다. 그곳은 기아와 질병, 문맹에 시달리는 아프리카, 아시아, 라틴아메리카였으며, 미국에서는 도시의 슬럼가였다. '평화봉사단'이나 '진보를 위한 동맹Alliance for

_{Progress}'은 바로 이러한 이상을 위해 발족한 것으로서 '뉴 프런티어'의 핵심 프로그램이었다. 수많은 미국의 젊은이들이 전 세계 77개국에서 가난과 질병, 문맹 퇴치 등을 위해서 봉사했다. 이들의 봉사로 말미암아 극도로 가난했고 세상에서 버려진 사람들이 보살핌을 받을 수 있었고, 삶의 의미를 찾을 수 있었다. 더 중요한 것은 뉴 프런티어에 동참함으로써 미국인들이 그들 자신에 대해, 그리고 미국인이라는 것에 새로운 자부심을 갖게 되었다는 점이다. 에티오피아의 오지 마을에서 3년간 '평화봉사단'으로 활동했던 어느 미국의 젊은이는 "내가 지금까지 했던 어떤 일도 이와 같은 기분을 느끼게 해준 적이 없다"고 회고했다. 그 젊은이는 훗날 연방 상원이 되었으며, 1992년 대통령 선거에서 민주당 대통령 후보 경선에 참가했던 폴 송가스_{Paul Tsongas}였다.[16]

달을 향한 염원, 마침내 이루어내다

1961년 5월 25일, 케네디 대통령은 의회에서 이른바 '달 연설_{Moon Speech}'로 미국과 세계를 놀라게 했다. "미국은 1960년대가 끝나기 전까지 인간을 달에 보내고 다시 지구로 무사히 귀환시킬 것입니다. 비록 힘든 일이지만 우리는 이 길을 선택했고 해낼 것입니다." 케네디의 '달 연설'에 의회는 술렁거렸고, 국민은 대통령의 연설이 갖는 의미를 정확히 이해하지 못했다.

무엇보다도 케네디의 우주 계획은 갑작스러운 발표였다. 대통령이 되기 전 1953~60년까지 상원의원을 지내는 동안에도 그는 우주 개발에 관심을 보이지 않았다. 대통령 선거 캠페인이 시작되기 전에 미국의 우주항공 분야의 선구자였던 매사추세츠 공과대학의 드레이퍼Charles Draper 교수가 사적인 면담에서 케네디에게 우주 개발의 중요성을 강조했지만, 케네디는 그 중요성을 전혀 깨닫지 못했고, 오히려 개발의 필요성에 의문을 보일 뿐이었다. 이렇듯 대통령이 되기 전 케네디에게 우주는 가장 관심을 끌지 못한 분야였다.[17] 대통령에 당선된 후에도 우주에 대한 그의 무관심은 계속되었다. 케네디는 두 차례에 걸쳐 아이젠하워 대통령을 만나 주로 외교 현안에 대해 의견을 교환했다.[18] 하지만 여기에서도 우주 문제는 거론되지 않았다.

그러나 대통령 취임 후 케네디에게 변화가 일어났다. 그 변화를 촉진시켰던 것은 미국의 위상이었다. 그는 아직 초기 단계에 있지만 우주 개발에서 소련이 미국보다 앞서고 있다는 사실이 국민이나 세계 사람들의 눈에는 미국의 위상이 추락하고 있다는 상징적인 예시임을 깨달은 것이다.

당시 러시아와 미국이 본격적으로 우주 개발 대결에 들어간 것은 불과 3년밖에 되지 않았다. 미국이 원자폭탄을 먼저 개발하자 소련은 인공위성 개발에 착수했다. 1957년 소련은 러시아어로 '길동무'를 뜻하는 스푸트니크 1호를 발사하는 데 성공했다. 스푸트니크의 발사는 미국에게 커다란 충격을 주었으며, 소련은 이를 통해 세계 제1의 우주 강국이라는 명성을 얻을 수 있게 되었다. 이른바 '스푸트니크 충격'으로 미국은 베르너 폰 브라운Wernher von Braun 박사를 주축으로 1958년 1월 21일, 미국 최초의 인공위성인 익스플로러 1호를 발사했다. 몇 달 후 미국항공우주국 NASA을 설립, 본격적인 우주 개발에 나섰다. 그러나 '스푸트니크 충격'이

채 가시기 전인 1961년 4월 12일, 소련은 또다시 세계를 깜짝 놀라게 했다. 바로 인류 최초의 우주인 유리 가가린Yurii Gagarin 소령을 태운 보스토크 1호가 지구를 한 바퀴 돌고 무사히 귀환한 것이다. 이에 미국은 5월 5일 앨런 셰퍼드Alan Shepard를 태운 머큐리 3호를 성공적으로 발사했다. 이처럼 짧은 기간에 미국과 소련은 우주 개발에 불꽃 튀는 경쟁을 벌였다. 하지만 전반적으로 미국이 우주 개발에서 소련에 뒤지고 있다는 인상이 역력했다.

케네디 취임 후 불과 몇 달 만에 일어난 보스토크 1호의 세계 최초 우주비행은 대통령으로서 그가 우선적으로 해야 할 임무가 소련과 우주 개발 경쟁에서 이기는 것이라는 확신을 갖게 했다. 4월 19일, 케네디는 평소 우주 개발에 관심이 높았던 부통령 린든 존슨Lyndon B. Johnson에게 우주 개발에 획기적인 복안이 있는지를 물었다. 여기서 그가 존슨에게 던진 여러 가지 예시 중에 "사람을 태운 우주선을 달에 착륙시켜서 다시 지구로 귀환하게 하는 방법"이 포함되었다. 케네디의 달 착륙 생각은 상당 부분 그의 상상력에서 나온 것이었다. 이미 소련이 우주 개발에서 미국보다 앞서 있기 때문에 소련을 이길 수 있는 어떤 획기적인 방법이 없을까 고민하던 케네디는 존슨에게 여러 가능성을 물으면서 달 착륙 가능성을 한번 던져본 것이었다. 존슨은 달 착륙 가능성은 소련이나 미국에게 현재로는 현실성이 없지만 만약 미국이 그 계획을 놓고 전력으로 매진한다면 6~7년 이내에 성공할 가능성이 있다는 점을 밝혔다.[19] 케네디는 즉각 우주 개발 전문가 팀을 꾸려 이른바 '아폴로 계획Project Apollo'을 만들도록 지시했고, 그것을 바탕으로 5월 25일 의회에서 그 계획을

1969년 아폴로 11호는 달 착륙에 성공했다. 케네디는 '아폴로 계획'이 미국이 갖고 있는 능력과 가능성을 총체적으로 시험하며, 인류의 진보를 위해서도 필요한 것이라고 주장했다.

발표한 것이다.

케네디의 '달 연설'에 미국은 놀랐고, 그에 대한 반발과 비판이 봇물 터지듯 쏟아졌다. 비판가들은 실현성이나 실효성이 없는 '미치광이' 계획이라고 비판했다. 심지어 전 대통령 아이젠하워까지 케네디의 계획을 맹렬히 비난하고 나섰다. 아이젠하워는 미국이 그렇게 성급하게 달에 갈 필요가 없다고 주장했다. 그는 달에 가기 위해 천문학적인 예산을 들이기보다는 "산업과 농업 생산력"을 증진하는 것이 미국의 위상을 높이는 방법이라고 케네디의 '아폴로 계획'을 비판했다.[20]

하지만 케네디의 의지는 확고했다. 그는 '아폴로 계획'이 교육과 과학 등 미국이 갖고 있는 능력과 가능성을 총체적으로 시험하는 계획이며 인류의 진보를 위해서도 필요한 계획이라고 주장했다. 1962년 9월 12일, 라이스 대학 연설에서 케네디는 "우리는 달에 가기로 결정했습니다…… 그것은 쉬운 일이 아니라 어려운 일이며, 그것을 통해 우리가 갖고 있는 최고의 에너지와 기술을 조합하고 평가할 수 있기 때문입니다"라고 역설하며 그는 달에 가는 것이 과연 인류를 위해 선한 결정인지 악한 결정인지는 오직 미국이 이 부분에서 주도권을 획득한 이후에 결정할 일이라고 생각했다. 또한 케네디는 '아폴로 계획'을 그의 임기 중에 추진할 가장 중요한 정책으로 내세웠다. 사회 지도층 인사들과 언론의 비판은 계속되었지만, 케네디는 끊임없이 그 계획의 중요성을 상기했다. 1963년 11월 16일에는 플로리다의 케이프커내버럴 기지를 방문해서 달 탐사 계획의 진행을 확인하며 격려했으며, 11월 21일에는 텍사스의 샌안토니오 우주항공의료병원센터 완공식에 참석해서 축하연설을 했다. 그가 암살당하기 불과 하루 전의 일이었다.

마침내 1969년 7월 20일 오후 10시 56분 20초, 아폴로 11호의 달 착륙선 이글호는 달에 무사히 착륙했다. 선장 닐 암스트롱Neil A. Armstrong은 "이것은 한 사람에게는 작은 한 걸음에 지나지 않지만, 인류에게는 위대한 도약이다"라는 말을 남겼다. 다음 날 아침, 알링턴 국립묘지의 케네디 묘지 앞에는 꽃다발이 놓여 있었다. 그 꽃다발에는 다음과 같은 메모가 함께 있었다. "각하, 이글호가 드디어 착륙했습니다."

앞서 살펴본 유형처럼 이 장에서 다룬 '미래지향적 품격'에 포함할 대통령을 선택하는 일도 쉽지 않았다. 무슨 일이든 항상 시작이 중요하다고 생각하는데, 그런 점에서 볼 때 초대 대통령 워싱턴은 좋은 후보다. 그가 8년간 통치한 다음 스스로 권좌에서 물러난 것은 미국 민주주의의 미래를 위한 귀중한 선례다. 그렇지만 이 장에서는 제퍼슨을 선택했다. 루이지애나 매입과 대륙 횡단 탐사 등은 적어도 100년 이상을 내다본 제퍼슨의 혜안이 없었다면 불가능한 일이었다. 그리고 존 애덤스와의 화해와 우정은 언뜻 개인적인 에피소드로 볼 수도 있지만, 향후 미국의 정치적 정서를 형성하는 데 지대한 공헌을 했다고 본다. 민주주의는 어떻게 체제가 갖추어지는가도 중요하지만, 그 체제를 지탱하는 인간의 정서적 전통도 무시할 수 없기 때문이다.

존 퀸스 애덤스는 이러한 정서적 대물림의 좋은 열매다. 정치적 철학이나 경험에서 그는 아버지 존 애덤스의 복사판이었다. 존 애덤스가의 정치적 뿌리는 북동부였으며, 성향은 연방파 엘리트주의였다. 그럼에도 아들의 우상은 한때 아버지의 정적이었던 제퍼슨이었다. 애덤스는 제퍼슨 이후 미국이 갖는 세계사적 가치와 의미에 선지자적 확신을 갖고 있었다.

이러한 정서적 대물림은 링컨 임기에도 계속되었다. 링컨에 대해서는 이미 앞에서 충분히 다루었기 때문에, 남북전쟁과 직접적인 관련이 없는 부분을 부각시켰다. 1854년에 태동한 공화당은 여러모로 오합지졸이었다. 이것을 잘 추슬러서 공화당의 기초를 다졌던 사람이 바로 링컨이었다. 또한 그는 양당제도가 와해될 수 있는 위기를 극복하고 이 제도를 더욱 공고히 했던 리더였다.

20세기 대통령으로는 시어도어 루스벨트와 존 케네디를 선택했다. 이들을 선택한 이유는 두 사람 모두 '미국의 세기'를 준비하고 그것을 단단하게 다졌기 때문이다. 루스벨트나 케네디는 현실에 안주하지 않고 다가올 미래를 위해 이상을 제시하고, 행동에 옮긴 리더였다. 둘 다 그 이상에 다가서기 위해 다른 역사나 전통에서 해법을 차용하지 않고, 미국의 프런티어에서 답을 찾았다. 미국의 과거는 곧 미국의 미래를 여는 절묘한 해법이었다.

대통령의 철학이
국민의 성공을 결정한다

소망의 자유, 의지의 자유

〈책머리에〉에서 소개한 나의 첫 번째 에피소드는 이 책을 쓰는 내내 머릿속을 떠나지 않았다. 미국이 '자유의 땅'이라는 것은 상당 부분 만들어진 믿음이다. 믿음은 보이는 것보다는 보지 못하는 것에 대한 확증이자 소망이다. 이미 만들어진 현상에 대한 확증이 아니라, 아직 만들어지지 않았지만 그렇게 되리라는 소망이자 의지의 표명이다.

　건국 초기부터 이러한 자유에 대한 믿음을 강조하고 그것을 되새김했던 대통령들은 미국을 '자유의 땅'으로 만들었던 주역이었던 것이다. 〈독립선언문〉에서 제퍼슨이 내세운 자유는 후대 대통령들에 의해서 끊임없이 되새겨졌다. 초대 대통령 워싱턴은 이 자유를 지키기 위해 '중립주의'를 표방했다. 제퍼슨은 대통령이 된 후 개인의 자유와 행복을 지키기 위해 미국이 "세계 최상의 희망"이라고 하면서 미국의 자유를 세계적 차원의 자부심으로 승화시켰다. 링컨은 남북전쟁의 위기가 "자유의 새로운 탄생"을 위한 고통이라고 역설했으며, 한 걸음 더 나아가 연방 최대의 위기 속에서도 미국이 자유를 위해 "지구상에 남은 최고의 마지막 희망"이라고 자부했다. 윌슨은 제1차 세계대전의 세계사적 위기에서 "세계 민주주의를 안전하게 지키기 위해" 미국이 참전한다고 역설했다. 프랭클린 루스벨트는 대공황이라는 자본주의 최대의 위기 속에서도 이러한 위기는 "본질적인 실패에서 온 것"이 아니며, 미국은 "아직도 감사해야 할 것들이 많이 있다"는 점을 환기시키며, 자유민주주의에 대한 믿음을 확고히 했다. 오바마 대통령은 취임식의 주제를 링컨이 사용했던 똑같은 용어를 빌려 "자유의 새로운 탄생"으로 선택했으며, '건국의 아버지들'이 이룩한 "위대한 자유의 선물"을 계속 지켜나가 미래의 후손들에게도 안전하게 전달하자고 호소했다.

이 책에서는 선택받지 못했지만 거의 대부분의 미국 대통령들은 취임사에서 이러한 자유를 거듭 되새겼다. 심지어 남부연합 대통령이었던 제퍼슨 데이비스도 헌법에서 보장한 자유를 지키기 위해 연방을 탈퇴해서 남부연합을 결성할 수밖에 없었다고 주장했다. 1889년에 그가 사망하자 남부에서는 사상 최대 규모의 장례식이 거행되었다. 아직까지도 그는 남부의 영웅으로 기억되고 있다.

정권이 바뀌고 시대가 변해도 미국 대통령들의 자유의 되새김은 계속되었다. 그러는 사이에 '자유'라는 단어는 미국의 정체로 다져졌다. 초기 대통령들이 보였던 자유에 대한 믿음은 이제 미국의 신조이자 동의어가

되었다.

심판보다 어려운 관용, 심판보다 강한 관용

남북전쟁은 해묵은 지역감정과 증오의 결과였으며 세계 역사에서 그 유래를 찾기 힘든 처참한 내전이었다. 그런데도 전쟁 후 단 한 명도 전범으로 몰려 처형당하지 않았다. 미국의 관용에 대한 의문은 어떤 식으로든 정확한 해답을 찾기 힘들다. 미국인들은 태생적으로 과거를 잘 잊고 원수를 용서하는 유전자를 갖고 태어났을까? 먹고 살기에 바쁘고, '아메리칸 드림'을 성취하느라고 정신이 없었기에 쉽게 과거를 잊어버리는 성향이 강했을까? 미국의 다문화주의가 그러한 파괴적인 역사 보복을 어렵게 하는 방해막이 되었을까? 그 어떤 대답도 설득력 없는 그저 상상 속의 가정일 뿐이다.

아무리 생각해도 그 해답은 대통령들의 품격에 있는 것 같다. 링컨의 가장 위대한 유산은 이러한 관용의 품격이라고 본다. 링컨은 대통령 취임 당시 정치적 실세였던 공화당 급진파의 반대에 둘러싸였다. 그의 관용정책을 반대한 급진파들의 주장도 일리가 있었다. 남북전쟁은 오랫동안 미국의 고질적 문제였던 연방의 성격에 대한 시각과 이데올로기의 차이에서 발생했다. 남북전쟁을 계기로 차제에 이 문제를 근본적으로 해결해야 하며, 그 방법은 남부 지도자들에 대한 철저한 역사청산일 수 있었다. 하지만 링컨은 정치적으로 어려운 길을 택했다. 그를 밀어주고 도왔던 동료 공화당에 등을 돌리고 남부에 대한 관용정책을 피력했다.

승자의 아량을 드러내기가 결코 쉽지 않은 상황이었지만, 링컨은 남부를 포용하려고 했다. 뜻을 펴지 못하고 링컨은 암살당하고 말았지만, 뒤이은 존슨과 그랜트 대통령은 링컨의 유훈을 성실하게 수행했다.

남북전쟁 이후에도 남과 북의 응어리는 한동안 남아 있었다. 지금도 이것을 완전히 극복했다고 할 수 없다. 대통령 선거에서 보이는 남과 북의 뚜렷한 정치적·문화적·정서적 가르기는 남북전쟁이 낳은 유산이다. 지역감정이란 끈질기고도 무서운 역사의 그루터기다. 이런 점을 생각해볼 때, 만약에 남북전쟁 후 냉철한 과거사 청산이 시도되었다면, 이후 미국의 역사전개가 어떻게 진행되었을까? 아마 미국도 다른 나라들이 겪었던 역사적 전철을 밟았을 것이다.

준엄하고 냉철한 심판은 역사의 어두운 전철을 다시는 밟지 않고, 더 희망찬 미래를 위해 필요하다고 한다. 그런데 역사의 전개가 꼭 그렇게 이루어지는 것은 아니다. 심판보다 더 어려운 것은 관용이다. 그래서인지 관용은 나라와 민족을 더 강하게 하고, 더 밝게 한다.

잘난 대통령, 못난 대통령

도널드 트럼프는 미국의 제45대 대통령이다. 트럼프 이전까지 총 44명이 미국 대통령을 지냈다는 이야기다. 그런데 이 책에서 소개된 대통령은 몇 명 되지 않는다. 대부분 잘 알려진 대통령들이며, 나머지는 잊힌 대통령들이다. 어떻게 이런 소수의 대통령만으로 지금의 미국을 만들었다고 얘기할 수 있는가?

여기서 '잊힌 대통령'이라는 용어에 주목할 필요가 있다. 미국인들은 무능하거나 실패한 대통령들을 잘 거론하지 않는다. 역사학자들의 관심도 못난 대통령들보다는 잘난 대통령들에게 집중되어 있다. 워싱턴이나 링컨 같은 잘난 대통령에 관한 책은 끊임없이 나온다. 이들에 대한 이야기는 이제 다 들춰져서 별로 할 말이 없을 텐데 시대의 변화와 함께 언제나 새롭게 재조명된다. 독자들이 원하기 때문에 관련된 책이 계속 나오고, 또다시 독자들이 생긴다. 그런 과정에서 미국의 영웅들은 되새겨지고 더욱 영웅화된다.

대표적인 경우로 링컨은 후대 대통령들의 되새김으로 말미암아 미국 최고의 영웅이자 우상으로 자리매김했다. 오바마 대통령도 자신의 우상이 링컨이라고 했다. 취임식의 주제도 링컨의 용어인 '자유의 새로운 탄생'을 선택했고, 취임사 내용도 마찬가지였다. 이처럼 후대 대통령들의 링컨 되새김이 오늘의 링컨을 만드는 데 절대적인 공헌을 했다. 하지만 역사학자들과 문필가들의 링컨 되새김도 마찬가지로 중요한 역할을 했다. 본문에서 밝혔듯이 링컨 신화의 상당 부분은 만들어졌다. 여기서 '신화'란 없는 이야기나 거짓 사실이 신화화되었다는 말이 아니다. 다만 링컨이 신화적인 인물로 재탄생되었다는 얘기다. 링컨은 적어도 남부인들에게는 증오의 대상이었다. 한동안 미국 역사학계에서 무시하지 못할 세력으로 남아 있었던 역사학 주체는 남부 역사가들이나 남부에 우호적인 역사가들이었다. 그럼에도 오랜 시간에 걸쳐 지속적으로 링컨을 되새김했고 재평가했던 역사가들에 의해 링컨은 결국 미국의 영웅으로 재탄생했던 것이다.

못난 대통령보다는 잘난 대통령을 되새기는 전통, 단점보다는 장점을 되새김하면서 미국의 가치를 다지는 전통이 지금의 미국을 만든 자양분이다.

만들어진 전통, 만들어진 신화

이 책에서 거론된 미국 대통령들은 그리 많지 않다. 거론된 대통령들도 자세히 따져보면 모든 면에서 훌륭한 리더라고는 할 수 없다. 그들도 허점투성이다. 결과적이기는 하지만 워싱턴 행정부는 미국 초기 역사의 가장 큰 문제였던 남북 간 지역감정의 원인을 제공했으며, 그것을 해결하지 못했다. 워싱턴의 '고별사'는 미국의 중립주의, 고립주의의 반석이라고 숭상되지만, 어떤 면에서는 지역정서와 그에 맞닿은 당쟁에 대한 우려가 짙게 깔린 슬픈 고별사다.

링컨은 '위대한 해방자'라기보다는 노예해방을 성사시킨 노련한 정치가였다. 노예해방을 향한 신념과 의지로 따진다면 링컨보다는 이전의 존 퀸시 애덤스나 1860년 공화당 대통령 후보로서 링컨의 경쟁 상대였던 윌리엄 수어드가 더욱 부각되어야 마땅하다. 본문에서 지적했듯이, 노예해방에 대해 너무 노골적이고 과격한 주장을 했기 때문에 수어드는 전당대회에서 링컨에게 고배를 마셨다. 링컨은 노예문제와 관련된 정치적 현안에 대해 온건한 노선을 택했기 때문에 대통령 후보로 선출되었다. 역사의 아이러니가 아닐 수 없다. 노예해방선언도 순전한 도덕적 배경보다는 정치적·외교적 목적이 그 밑바닥에 깔려 있었다. 재건 시기에 흑인들의 인권 향상에 실질적으로 가장 큰 역할을 했던 사람들은 공화당 급진주의자들이었다.

이들 위대한 대통령들이 민주주의의 사도라고 하기에도 미심쩍은 부분이 많다. 제퍼슨은 지중해 해적을 소탕한다는 명분으로 초헌법적 군사행동을 감행했다. 대통령이 되기 전에는 강한 중앙정부, 강한 대통령을 지양했던 제퍼슨이 의회의 승인 없이 군대를 파견해 전쟁 아닌 전쟁을 수행한 '제왕적' 대통령의 선례를 남겼다. 잭슨은 미국 역사 초기에 가장 비민주적이며 '제왕적' 대통령으로 악명을 날렸다. 당대 사람들도 그를 '폭군'이라고 비난했다. 링컨은 남북전쟁이라는 전시상태를 이용해서 국민의 기본권을 유린하는 등 초헌법적이며 '제왕적' 대통령으로 군림했다. 윌슨도 제1차 세계대전 기간에 마찬가지 행동을 했다. 시어도어 루스벨트는 20세기 최고의 '제왕적' 대통령으로 군림했다. 케네디는 쿠바 미사일 위기를 자초했고, 자칫하면 세계를 핵전쟁의 아마겟돈으로 몰고 갈 뻔했던 위험천만한 사태를 초래했다.

도덕적인 면에서도 미국의 우상들은 자유롭지 못하다. 제퍼슨과 흑인 하녀 샐리 헤밍스와의 불륜은 미국 초기 최대의 스캔들이었다. 프랭클린 루스벨트와 여비서 루시 머서와의 관계도 잘 알려진 사실이다. 그의 불륜이 발각된 후 루스벨트는 부인 엘리너에게 다시는 루시를 만나지 않겠다고 약속했지만, 그 약속은 지켜지지 않았다. 1945년 4월 12일, 조지아의 별장에서 임종을 거둔 루스벨트의 옆에는 루시가 있었다. 케네디와 마릴린 먼로와의 스캔들은 더더욱 유명한 가십거리다.

그럼에도 큰 틀에서 볼 때 위대한 대통령들의 위상은 지켜왔다. 훌륭한 대통령들의 실패나 부족한 부분, 스캔들이 성공한 대통령들의 장점이나 업적을 훼손하지는 않았다. 그런 점에서 프랭클린 루스벨트의 취임사가 시사하는 바가 크다. 대공황을 초래한 이전 정권의 대통령임에도 불구하고, 루스벨트는 "친애하는 국민 여러분"으로 시작하는 통례를 깨고 "존경하는 후버 대통령"이라는 말로 연설을 시작했다. 그리고 "아직도 미국은 감사해야 할 것이 많은 나라"라고 미국의 가치를 되새겼다. 거의 같은 시기 히틀러가 바이마르 정권의 "부패와 타락"을 비판한 것과 극명한 대조를 이뤘다.

한 나라의 리더가 과거를 차갑고 어두운 시선으로 보느냐, 아니면 따뜻하고 밝은 시선으로 보느냐의 차이는 엄청난 결과로 나타난다. 과거사의 어두운 부분보다는 밝은 부분, 긍정적인 부분을 부각시키고 끊임없이 되새기면서 미국 대통령들은 미국적 전통과 가치관을 세우고 튼튼하게 다졌다. 미국이 만들어진 전통이자 신화라면, 그것을 창출했던 주역은 대통령의 품격이었다.

제1장 자부심을 심어주는 대통령

1) 김형곤, 《조지 워싱턴-초대 대통령》, 선인, 2011, 211쪽.

2) "Death of a President", *American History*, December 2004, Vol. 39, Issue 5, 15.

3) Charles C. Thach, Jr., *The Creation of the Presidency, 1775-1789* (Baltimore: The Johns Hopkins University Press, 1969), 169.

4) Richard Brookhier, *Founding Father: Rediscovering George Washington* (New York: Free Press, 1996), 103.

5) 1794년 펜실베이니아에서 발생한 농민반란이다. 예산 부족에 허덕이던 연방정부가 위스키에 25퍼센트 소비세를 부과한 것에 불만을 품은 농민들은 반란을 일으켰다. 1794년 8월, 워싱턴은 민병대를 소집해서 직접 반란 진압의 선봉에 나섰다. 다행히 워싱턴이 도착하기 전에 반란은 진압되었다. 20명이 체포되었지만 훈방 및 사면되었으며, 1801년, 제퍼슨이 당선된 후 위스키 조세는 폐지되었다.

6) 김형곤, 앞의 책, 234쪽.

7) 당시에는 하원의원으로 구성된 선거인단이 대통령과 부통령을 선출하는 간접선거의 방식이었다. 최고 득표자가 대통령에, 차기 득표자가 부통령에 당선된다.

8) Joseph J. Ellis, *American Creation* (New York: Alfred A. Knopf, 2007, e-book edition), 110.

9) George C. Herring, *From colony to superpower: U.S. foreign relations since 1776* (New York: Oxford University Press, 2008), 89.

10) John C. Miller, *The Federalist Era, 1789-1801* (New York: Harper&Brothers,

1960), 210.

11) Noah Feldman, *Divided by God*(New York: Farrar, Straus and Giroux, 2005), 24.

12) Merrill D. Peterson, ed., "Thomas Jefferson, Notes on the State of Virginia", in *The Portable Thomas Jefferson*(New York: Viking Penguin, 1975), 198.

13) John Nelson Marble, *The Every-Day Life of Abraham Lincoln*(Chicago: Browne & Howell Company, 1913), 448.

14) George Bancroft, *Memorial Address on the Life and Character of Abraham Lincoln*(Washington, D.C.: Government Printing Office, 1866), 34.

15) 《매일경제》, 〈21세기 인문학 리포트〉, 2011년 3월 5일자 칼럼을 재구성함.

16) Holger Cahill, "American Resources for the Arts", *Art for the Millions: Essays from the 1930's by Artists and Administrators of the WPA Federal Art Project*, ed., Francis V. O'Connor(Boston: New York Graphic Society, 1973), 41.

17) 《매일경제》, 〈21세기 인문학 리포트〉, 2011년 5월 28일자 칼럼을 재구성함.

제2장 전통을 되새김하는 대통령

1) 《매일경제》, 〈21세기 인문학 리포트〉, 2011년 10월 29일자 칼럼을 재구성함.

2) Thomas Paine, *Common Sense*(Mineola, New York: Dover Publications, 1997), 20.

3) 미국사연구회 엮음, 《사료로 읽는 미국사》, 궁리출판, 2006, 85~86쪽.

4) John C. Miller, 앞의 책, 199.

5) 《매일경제》, 〈21세기 인문학 리포트〉, 2011년 11월 26일자 칼럼을 재구성함.

6) John Quincy Adams, *John Quincy Adams Memoirs*, VI: 163.

7) Ernest R. May, *The Making of the Monroe Doctrine* (Cambridge: Harvard University Press, 1975), 7.

8) Howard Jones, *Crucible of Power* (Wilmington, Delaware: Scholarly Resources Inc., 2002), 109.

9) 가장 최근의 연구에서도 먼로 독트린이 탄생하기까지 가장 큰 역할을 한 사람은 애덤스가 아닌 먼로라고 주장한다. Harlow G. Unger, *The Last Founding Father: James Monroe and a Nation's Call to Greatness* (Philadelphia: Da Capo Press, Kindle edition, 2009), 4977~4978.

10) Rosalynn Carter, *First Lady from Plains* (Boston: Houghton Mifflin, 1984), 253.

11) Woodrow Wilson, "An Address at the Gettysburg Battlefield, July 4, 1913", in The Papers of Woodrow Wilson, 69 vols., ed., Arthur S. Link(Princeton: Princeton University Press, 1966-1994), 28: 23~26.

12) 김봉중, 《오늘의 미국을 만든 미국사-역사 속 미국의 정체성 읽기》, 역사의아침, 2013, 268쪽.

제3장 포용과 관용의 대통령

1) William Garrott Brown, *Andrew Jackson* (New York: Houghton, Mifflin and Company, 1900), 152~153.

2) 잭슨은 미국 대통령 평가에서 지도력 5위, 업적 및 위기관리능력 9위, 정치력 6위, 성격과 도덕성 18위를 차지해 전체 종합순위에서 8위를 차지했다. 윌리엄 라이딩스 2세, 스튜어트 매기비, 《위대한 대통령 끔찍한 대통령》, 김형곤 옮김, 한국언론자료간행회, 2000, 89쪽.

3) 김봉중, 앞의 책, 93~94쪽.

4) 알렉시스 드 토크빌, 《미국의 민주주의 I》, 임효선 옮김, 한길사, 1997, 111쪽.

5) 같은 책, 386쪽.

6) Mario M. Cuomo and Harold Holzer, *Lincoln on Democracy*(New York: A Cornelia & Michael Bessie Book, 1990), xxxviii.

7) George M. Blackburn, "Radical Republican Motivation: A Case History", *The Journal of Negro History*, Vol. 54, No. 2 (Apr., 1969), 113.

8) 양재열, 《에이브러햄 링컨-제16대 대통령》, 선인, 2011, 279쪽.

9) 최웅, 김봉중, 《미국의 역사》, 소나무, 2009, 169쪽.

10) 관직보유법은 1887년 클리블랜드 대통령 임기 때 폐지되었다.

11) 존슨은 미국 대통령 평가 전체 종합순위에서 39위를 차지하면서 최하위 수준을 기록했다. 윌리엄 라이딩스 2세, 스튜어트 매기비, 앞의 책, 181쪽.

12) 《매일경제》, 〈21세기 인문학 리포트〉, 2011년 10월 8일자 칼럼을 재구성함.

13) 《매일경제》, 〈21세기 인문학 리포트〉, 2011년 4월 30일자 칼럼을 재구성함.

14) H.W. Brands, *Woodrow Wilson*(New York: Henry Holt, 2003), 97.

15) David Lloyd George, *The Truth About the Peace Treaties vol. 1*(London: Victor Gollancz Ltd., 1938), 221.

16) John Morton Blum, *Woodrow Wilson and the Politics of Morality*(Boston: Little, Brown and Company, 1956), 162~163.

17) 권오신, 《우드로 윌슨-제28대 대통령》, 선인, 2011, 438쪽.

18) Frank Ninkovich, *The Wilsonian Century: U.S. Foreign Policy since 1900*(Chicago: University of Chicago Press, 1999).

19) 퍼트리샤 넬슨 리메릭, 《정복의 유산》, 김봉중 옮김, 전남대학교 출판부, 1998.

20) 《매일경제》, 〈21세기 인문학 리포트〉, 2011년 6월 25일자 칼럼을 재구성함.

제4장 미래를 준비하는 대통령

1) Joseph J. Elles, *American Sphinx: The Character of Thomas Jefferson*(New York: Alfred A. Knopf, 1997), 252.

2) 김봉중,《카우보이들의 외교사》, 푸른역사, 2006, 44쪽.

3) Joseph J. Elles, 앞의 책, 247.

4) 《매일경제》,〈21세기 인문학 리포트〉, 2011년 12월 24일 칼럼을 재구성함.

5) '아메리칸 시스템'이란 존 퀸시 애덤스를 비롯한 당대의 주요 정치인들에 의해 추진 된 것으로서 "미국의 경제적이며 문화적 개발을 위한 프로그램"을 일컫는다. 이는 "미 국의 국가주의의 최초이자 가장 으뜸가는 정치적 발현이다." Songho Ha, *The Rise and Fall of the American System: Nationalism and the Development of the American Economy, 1790-1837*(London: Pickering & Chatto, 2009), 2.

6) 같은 책, 94쪽.

7) 1850년대 초부터 가톨릭 이민을 막기 위한 비밀결사단이 뉴욕을 중심으로 북부에 결 성되었다. 이들은 그들이 추구하는 정당의 목표가 무엇인가에 대한 질문을 받으면, 그 저 "모릅니다(I Know Nothing)"라고 발뺌했기에, '무지당'이라고 불렸다. 무지당은 1855년에 창단된 미국당(American Party)에 흡수되었다.

8) Stephen J. Valone, "'Weakness Offers Temptation': William H. Seward and the Reassertion of the Monroe Doctrine", *Diplomatic History 19*(Fall, 1995), 585.

9) 같은 책, 599.

10) Ernest N. Polino, *The Foundation of the American Empire: William Henry Seward and U.S. Foreign Policy*(Ithaca, New York: Cornell University Press, 1973), 212.

11) Blake Allmendinger, *The Cowboy: Representations of Labor in an American*

Work Culture(New York: Oxford University Press, 1992) 참조.

12) Richard Slotkin, "Nostalgia and Progress: Theodore Roosevelt's Myth of the Frontier", *American Quarterly*, Vol. 33, No. 5, Special Issue: American Culture and the American Frontier(Winter, 1981), 609.

13) 《매일경제》, 〈21세기 인문학 리포트〉 2011년 7월 23일자 칼럼을 재구성함.

14) John A. Barnes, *John F. Kennedy on Leadership: the Lessons and Legacy of a President*(New York: AMACOM, 2007), 18~19.

15) 장준갑, 《존 F. 케네디-제35대 대통령》, 선인, 2011, 192쪽.

16) Irving Bernstein, *Promises Kept: John F. Kennedy's New Frontier*(New York: Oxford University Press, 1991), 278.

17) Charles Murray, Catherine Bly Cox, *Apollo: The Race to the Moon*(New York: Simon & Schuster Inc., 1989), 60~61.

18) 장준갑, 앞의 책, 210~212쪽.

19) Lyndon B. Johnson, *The Vantage Point: Perspectives of the Presidency, 1963-1969*(New York: Holt, Rinehart and Winston, 1971), 281.

20) Walter A. McDougall, *The Heavens and the Earth: A Political History of the Space Age*(New York: Basic Books, Inc., 1985), 391.

미국의 황금기를 만든 대통령의 품격

이런 대통령을 만나고 싶다

초판 1쇄 인쇄 2017년 3월 30일 초판 1쇄 발행 2017년 4월 6일

지은이 김봉중
펴낸이 연준혁

출판본부 이사 김은주
출판4분사 분사장 김남철
편집 이승한 디자인 함지현

펴낸곳 (주)위즈덤하우스 출판등록 2000년 5월 23일 제13-1071호
주소 경기도 고양시 일산동구 정발산로 43-20 센트럴프라자 6층
전화 031)936-4000 팩스 031)903-3893 홈페이지 www.wisdomhouse.co.kr

값 14,000원 ⓒ김봉중, 2017
ISBN 978-89-6086-339-2 03940

국립중앙도서관 출판시도서목록(CIP)

이런 대통령을 만나고 싶다 : 미국의 황금기를 만든 대통령의 품격 / 지은이: 김봉중.
— 고양 : 위즈덤하우스, 2017 p. ; cm

색인수록

ISBN 978-89-6086-339-2 03940 : ₩14000

미국 대통령[美國大統領]
미국 정치[美國政治]

340.942-KDC6
320.973-DDC23   CIP2017007219